Robert Kohlrausch

Menschen!

Lustspiel in vier Akten

Robert Kohlrausch

Menschen!
Lustspiel in vier Akten

ISBN/EAN: 9783743352742

Hergestellt in Europa, USA, Kanada, Australien, Japan

Cover: Foto ©ninafisch / pixelio.de

Manufactured and distributed by brebook publishing software (www.brebook.com)

Robert Kohlrausch

Menschen!

Baron Wilhelm von Wesselbüren.
Baron Kurt von Wesselbüren, sein Großneffe.
Adelheid, dessen Adoptivschwester.
Kunigunde von Wesselbüren,
Eulalie von Wesselbüren, } Kurt's Tanten.
Erich Bärnstatt, Regierungsrath.
Helene, seine Frau.
Hans Bodenstein, Sergeant.
August Müllenthien, Klaqueur.
Caroline, geb. Zieseniß, seine Frau.
Dorette Zieseniß, deren Schwester.
Anna, Verkäuferin,
Frieda, Balletelevin,
Clara, } Kinder Müllenthien's.
August,
Carl,
Josef, Diener bei Kurt von Wesselbüren
Auguste Becker, Dienstmädchen.
Ein Bote vom Conditor.

Ort: Berlin. — Zeit: Gegenwart.

Rechts und links ist vom Zuschauer aus gerechnet.

Erster Akt.

(Scene: ein modern und mit Geschmack eingerichteter Salon bei Wesselbüren. Vorn zur Linken ein Geburtstagstisch mit vielen Blumen und Geschenken, darunter eine Shakespeareausgabe, ein paar elegante Morgenschuhe 2c. Vorn rechts ein Fenster, in der Nähe eine Chaiselongue, ein Tisch mit Büchern, Sessel. Rechts hinten ein Erker, in den man hineinblickt. Thüren rechts und links und in der Rückwand.)

1. Scene.

Kurt von Wesselbüren (steht am Fenster rechts und trommelt auf den Scheiben einen Marsch). Adelheid von Wesselbüren (betrachtet die Geschenke auf dem Geburtstagstisch, wirft einen Blick auf Kurt, lächelt, wendet sich zu den Geschenken zurück, blickt dann wieder auf).

Adelheid (24 Jahre alt, elegant, aber einfach gekleidet. Im Wesen milde, von sanfter Heiterkeit). Du, Kurt.

Kurt (beachtet ihre Anrede nicht, kleine Pause).

Adelheid. Kurt, wenn Du den hübschen Marsch fertig getrommelt hast, könnten wir wohl wieder mit einander reden, nicht?

Kurt (eleganter Kavalier von 28 Jahren, lebhaft, rasch, in den Stimmungen wechselnd, aber von natürlicher Liebenswürdigkeit und Heiterkeit. Er wendet sich um und kommt ein paar Schritte heran. Halb lachend, halb ärgerlich). Wir zanken uns ja doch nur wieder.

Adelheid (lächelnd). Um meinetwillen wäre es nicht nöthig.

Kurt. Habe ich etwa angefangen?

Adelheid. Nun —

Kurt. Adelheid, Du siehst aus, als wenn Du sagen wolltest, ich sei eigensinnig. Ich und eigensinnig!

Adelheid. Nein, nein — Du hast nur immer recht.

Kurt. Natürlich habe ich das. Das kommt von der männlichen Logik. Sieh doch in jeder Naturgeschichte nach, ob die Logik des Mannes nicht größer ist, als die der Frau.

Als Manuscript gedruckt.

Adelheid. Könnten wir an meinem Geburtstag nicht von Dingen sprechen, die für das weibliche Geschlecht etwas schmeichelhafter sind, Kurt?

Kurt (rasch umgestimmt). An Deinem Geburtstag! Mein Gott, ich will Dich ja nicht ärgern, Schwesterchen! Du bist ja ein gutes, liebes, verständiges Frauenzimmer, — da hast Du auch noch einen zweiten Geburtstagskuß. (Küßt sie auf die Stirn; dann wieder in anderem Ton, rasch ärgerlich werdend.) Aber man kann doch über diese Dinge reden, in aller Ruhe! Und ich habe mich schon zu heidenmäßig geärgert heute Morgen über all' diese Völker!

Adelheid. Ist es nicht freundlich von den Menschen, mir zu gratulieren?

Kurt. Freundlich? Menschen? Rede mir nur nicht von Menschen! Wo giebt es noch Menschen in unserer verbildeten, verschrobenen, verknöcherten, verkrüppelten, verdrehten Gesellschaft? Puppen und Masken, Schablonen und Nummern!

Adelheid. Man muß nicht so intolerant sein.

Kurt. Man muß nicht? Warum muß man nicht? Wer sagt das? Wer befiehlt das? Ich will nun aber intolerant sein, — Gott soll mich verdammen! Entschuldige, aber ich muß einmal fluchen.

Adelheid. Du bist in Deiner angenehmen Laune.

Kurt. Ich kann es nicht mehr aushalten in diesem Käfig! Ueberall Wände, überall Gitter, und an jeder Wand und an jedem Gitter die Inschrift: „Das muß man nicht. Das darf man nicht. Es schickt sich nicht!"

Adelheid (lächelnd, mit einem Blick auf das Zimmer). Ich finde unseren Käfig noch ganz hübsch.

Kurt (freundlich). Ja, Kind, wenn wir Beide allein darin sitzen dürften! Bei Dir ist Frieden und Behagen. Aber da kommen sie von allen Seiten, die Tanten und Basen und diese ganze, sogenannte Gesellschaft, mit Vorurtheilen vollgepfropft bis obenhin, und sie quälen und ärgern einen, daß man schreien möchte wie ein Hirsch nach frischem Wasser: „Gebt mir einen Menschen!"

Adelheid. Und wenn man Dir einen Menschen gäbe, einen Menschen in Deinem Sinn, — (sieht ihn an, lacht) was würdest Du damit machen?

Kurt (sieht sie einen Augenblick nachdenklich an). Ich würde ihn heirathen, — wenn's ein Frauenzimmer wäre.

Adelheid (etwas erschreckt). Heirathen?

Kurt (rasch). Warum erschrickst Du?

Adelheid. Ich erschrecke nicht.

Kurt. Doch, doch, Du bist blaß geworden. Soll ich etwa niemals heirathen?

Adelheid (ernster geworden). Du bist Dein eigener Herr, Kurt. Aber ich fürchte, Du würdest schwer eine Frau finden, die für Dich paßt.

Kurt. Schwer? Warum schwer? Das sehe ich nicht ein. Unter den Puppen der Gesellschaft freilich, da würde ich gar nicht erst zu suchen anfangen. Aber im Volk, da giebt es noch Menschen, da wird es auch eine Frau für mich geben.

Adelheid. Kurt!

Kurt. Ich bin jung, ich bin reich —

Adelheid. Du bist von altem Adel —

Kurt. Der einzige Adel, den ich gelten lasse, ist die Tugend, der Anstand und das gute Herz. Um diesen Adel zu besitzen, braucht man die drei Buchstaben vor seinem Namen nicht. Müller und Schulze thun es dabei auch.

Adelheid (bittend). Ein Fräulein Müller oder Schulze wirst Du mir nicht anthun, nicht wahr?

Kurt. Ja, warum nicht? Warum denn nicht?

Adelheid. Weil —

Kurt. Weil auch Du darinsitzest in den Vorurtheilen, mitten darin. Siehst Du, jetzt hätte ich große Lust, hinzugehen und das erste, beste, hübsche Mädel zu fragen, ob es meine Frau werden will. Nur um Dich von diesem Vorurtheil zu kuriren, diesem gottverdammten, — entschuldige, aber ich mußte noch einmal fluchen.

Adelheid (zu ihm herantretend, freundlich). Du hättest Lust, — aber Du thust es nicht, nicht wahr?

Kurt (scherzend). Na, weil heute Dein Geburtstag ist, da will ich noch eine Galgenfrist bewilligen. Wenn unter den nächsten drei Besuchern, die gratulieren kommen, ein Mensch ist, ein einziger, dann will ich's noch anstehen lassen mit der kleinen Müller oder Schulze, — wenn nicht, so ziehe ich die Sache in ernsteste Erwägung.

Als Manuscript gedruckt.

Adelheid (lachend, wieder ganz heiter, macht ihm eine Verbeugung) Ich danke unterthänigst für das besondere Geburtstagsgeschenk.

2. Scene.

Vorige. Josef (durch die Mitte).

Josef (meldend). Herr und Frau Regierungsrath Bärnstatt.

Kurt (zusammen knickend). Gott sei allen armen Sündern gnädig! (Halblaut zu Adelheid.) Adelheid, ich frage Dich auf Dein Gewissen: Sind das Menschen?

Adelheid (lächelnd). Gott schuf sie, also laß sie dafür gelten. (Zu Josef.) Wir lassen bitten. (Josef ab.)

3. Scene.

Kurt. Adelheid.

Kurt. Ein nettes Paar, diese Beiden. Er fromm, weil es Mode ist, devot, weil es nöthig ist, liederlich, weil es seine Natur ist, und sie, — na, sie ist einfach ein Unthier aus der vierten Dimension.

Adelheid. Immerhin ist er stets gegen sie der vollendete Kavalier.

Kurt. Vor den Leuten, Adelheid. Hinter den Koulissen sollen sie —

4. Scene.

Vorige. Bärnstatt (und) Frau Bärnstatt (durch die Mitte).

(Bärnstatt geht auf Adelheid zu; er ist ein gesucht einfach, dunkel gekleideter, verlebt aussehender Herr von 50 Jahren. Ueberreicht Adelheid einen Strauß von bunten Blumen. Frau Bärnstatt, eine Frau von etwa 40 Jahren, bleibt hinter ihm zurück und kommt langsam, mit trübseligem Gesicht weiter vor. Sie trägt ein Bouquet, ganz aus weißen Blumen. Sie ist schwarz gekleidet, aber nach neuester Mode.)

Bärnstatt (sich im Näherkommen gegen Adelheid und Kurt verbeugend). Guten Morgen, — guten Morgen. Darf ich Ihnen mit diesen bescheidenen Blumen meine unterthänigsten Glückwünsche zu Füßen legen, mein gnädigstes Fräulein? (Küßt Adelheid die Hand.) Der Segen des Himmels möge auf Ihnen ruhen und —

Adelheid. Die herrlichen Blumen! Vielen Dank, Herr Regierungsrath. (Wendet sich zu Frau Bärnstatt, die müde herangekommen ist. Bärnstatt tritt zu Kurt.)

Fr. Bärnstatt (müde, weltschmerzlich). Mein liebes Kind, — ich darf Sie doch so nennen, ich alte Frau? — ich spreche Ihnen meine herzlichste Theilnahme aus zu diesem Tage. Ein ganzes Jahr haben Sie wieder leben müssen in dieser schrecklichen Welt! Und nun beginnen Sie ein neues, — und dazu gratulieren dann die Menschen. Als wenn es nicht ein einziges, erstrebenswerthes Ziel nur gäbe, das Nichtsein! Sehen Sie, ich mache jetzt alle meine Geburtstagsbesuche in Trauer.

Adelheid (mit feiner Ironie). Schwarz kleidet Sie gut.

Fr. Bärnstatt. Ach, nicht deshalb! Was sollen diese Thorheiten, diese Aeußerlichkeiten, diese Pariser Moden, — es ist ein Pariser Modell, das ich hier trage, denken Sie, diese Thorheit! Aber man muß ja mit den Wölfen heulen.

Kurt (horcht auf, fragt herüber). Was sagen Sie von Wölfen?

Fr. Bärnstatt (wendet sich zu ihm, nickt ihm müde zu). Guten Tag, lieber Baron.

Adelheid. Die Wölfe haben hier im Haus eine besondere Bedeutung, müssen Sie wissen. Kurt hat eine Art Klub gebildet; seine Mitglieder nennen sich die Wölfe, sie tagen in der Wolfs=schlucht und trinken Drachenblut.

Fr. Bärnstatt (im Tone eines Leichenbitters). Das ist scherzhaft!

Adelheid (ladet sie durch eine Handbewegung zum Sitzen ein; sie setzen sich links).

Bärnstatt (steht mit Kurt weiter rechts). Drachenblut? Da können Sie mich einmal einladen.

Kurt (etwas gereizt). Ich fürchte, es würde Ihnen bei uns nicht gefallen.

Bärnstatt. Welche Zwecke verfolgt denn Ihr Klub?

Kurt. Wir haben noch einen zweiten Namen, wir nennen uns die Gesellschaft der Vorurtheilslosen.

Bärnstatt. Sagen Sie, — war denn solch' eine Ge=sellschaft nöthig?

Kurt (mit mühsam verhaltenem Aerger). Nöthig? Gott be=wahre! Wir phantasieren uns in eine Welt hinein, die mit dieser Welt um uns her gar keine Aehnlichkeit hat. Eine Welt, in der man nicht fragt — wie bei uns: — „Bist Du ein ehrlicher Mensch, hast Du das Herz auf dem rechten Fleck?" — nein, wo man fragt: „Hast Du einen Titel, hast Du Orden, hast Du Renten, hast Du einen guten Koch, der uns ein feines Diner zuzurichten weiß?" Eine Welt, in der

Als Manuscript gedruckt.

man nicht, — wie bei uns, — der Stimme der Ueberzeugung und der Rechtschaffenheit folgt, nein, wo man immer nur forscht: „Was werden die Leute sagen?," oder: „Was wird es mir nützen, was wird es mir schaden?" Eine lächerliche Welt, nicht wahr?

Bärnstatt (etwas verdutzt). Sehr lächerlich, in der That. (Für sich.) Unangenehmer Mensch! (Sich zu seiner Frau wendend, welche unterdeß mit Adelheid gesprochen und ihr die Blumen überreicht hat.) Meine theure Helene, —

Fr. Bärnstatt. Hilde, liebster Erich, ich bitte Dich!

Bärnstatt. Pardon, pardon! (Zu Adelheid.) Sie hat sich nämlich umgetauft, seit sie das neue Stück von diesem Gespenstermenschen gesehen hat.

Kurt. Sie meinen Ibsen?

Bärnstatt. Ibsen, jawohl. Ich darf sie nur noch Hilde nennen, und ihr höchster Wunsch ist, daß ich einmal auf den Rathhausthurm klettere, — von Außen, wissen Sie, ganz ohne alle Apparate.

Adelheid (zu Frau Bärnstatt, die sich erhebt; sie steht gleichfalls auf). Wollen Sie schon fort?

Fr. Bärnstatt. Ja, wir müssen gehen. Mein Mann will noch zu den Westdarps, dahin gehe ich allerdings nicht mit. Eine Familie von acht Köpfen und alle gesund, und kein Geld, und doch immer glücklich und vergnügt, — nein, solch' eine unnatürliche Zufriedenheit kann ich nicht sehen.

Bärnstatt. Hilde, Kinder sind eine Gabe des Himmels.

Fr. Bärnstatt. Jawohl, aber eine sehr laute. Nein, ich fahre unterdeß zu Schulte, dort soll ein Bild ausgestellt sein, — großartig! Ein berühmter Maler — er hat die große goldene Medaille, also muß er es doch wissen, — hat mir neulich gesagt: „Was grün ist und was ohne Gedanken ist, das ist schön." Das Bild aber soll ganz grün sein und ganz ohne Gedanken. So etwas muß ich sehen, das regt an! Komm, liebster Erich. Adieu, adieu.

Bärnstatt (reicht ihr den Arm). Komm', mein Mäuschen. (Verbeugt sich.) Habe die Ehre.

Adelheid. Adieu.

Kurt (verbeugt sich stumm).

5. Scene.
Adelheid. Kurt.

Adelheid. Aeußerlich wirklich ein Musterehepaar.

Kurt. Aeußerlich, äußerlich! Adelheid, ich frage Dich noch einmal: Sind das Menschen?

Adelheid. Aber wo giebt es Menschen in Deinem Sinn?

Kurt. Im Volk, Adelheid, im Volk! Da ist Kraft, Natur, Wahrheit!

Adelheid. Und kennst Du diese Menschen so genau?

Kurt. Ich liebe sie, — das ist noch besser.

Adelheid. Eine Liebe zu Geschöpfen der Phantasie wird leicht gefährlich.

Kurt. Schilt mir sie nicht, die hohe, die freundliche Göttin. Die Phantasie —

6. Scene.
Vorige. Josef (durch die Mitte, meldend).

Josef. Die Fräuleins von Wesselbüren.

Kurt. Die Tanten! Und ich Unglücksmensch rede von Phantasie!

Adelheid. Sehr angenehm, Josef.

Josef (durch die Mitte ab).

7. Scene.
Adelheid. Kurt.

Kurt. Ich weiß nicht, warum Goethe immer von den Müttern redet. Er hat gewiß keine Tanten gehabt, wenigstens nicht solche.

Adelheid. Sie kommen, Kurt.

Kurt. Meine Wette mit Dir habe ich übrigens glänzend gewonnen. Vier Besucher, und nicht der zehnte Theil von einem Menschen. Jetzt mußt Du mir Deinen Segen geben, wenn ich die kleine Müller heirathe.

8. Scene.
Vorige. Kunigunde (und) Eulalie von Wesselbüren (durch die Mitte. Zwei sehr altjüngferliche Damen, nach vergangener Mode, aber kostbar und ganz gleich gekleidet. In jeder Beziehung einander sehr ähnlich, nur daß Kunigunde etwa zehn Jahre älter, als die Schwester).

Kunigunde (auf Adelheid zugehend, förmlich, gemessen, reicht ihr kühl die Hand). Wir gratuliren, Adelheid.

Als Manuscript gedruckt.

Eulalie (immer die Schwester nachahmend, stets neben ihr). Adelheid, wir gratulieren.

Adelheid. Danke, liebe Tante, danke.

Kunigunde. Hier Dein alljährliches Geschenk (ihr ein kleines Buch überreichend), das Handbuch des deutschen Adels für dieses Jahr.

Adelheid. Sehr freundlich, daß Ihr wieder daran gedacht habt.

Kurt (den die Tanten bisher völlig ignoriert haben, tritt näher heran). Ich bitte um Entschuldigung, aber ich bin auch da.

Kunigunde (nickt kurz und steif mit dem Kopfe).

Eulalie (ebenso, dann wenden sich beide von ihm ab).

Kurt (ahmt sie nach). Es geht nichts über eine liebevolle Begrüßung.

Kunigunde (zu Adelheid). Wo ist denn Fräulein von Düringshofen, Deine Gesellschafterin?

Adelheid. Auf drei Tage beurlaubt, Tante. Kurt und ich hausen ganz allein, es ist reizend!

Kunigunde. Reizend vielleicht, aber wenig schicklich. (Zum Geburtstagstisch tretend.) Was hat man Dir geschenkt?

Adelheid. Viel Schönes und Gutes, und hier das beste von allem: eine neue Shakespeareausgabe.

Kunigunde. Den willst Du doch nicht lesen?

Adelheid. Doch, Tante, Abends und Morgens, wie ein Andachtsbuch.

Kunigunde (mit einem entsetzten Blick auf Eulalie). Eulalie!

Eulalie (ebenso). Kunigunde!

Kunigunde (hebt mit spitzen Fingern ein Paar elegante Morgenschuhe auf, die auf dem Geburtstagstisch stehen). Dies wenigstens solltest Du doch entfernen.

Adelheid. Warum? Ich denke, ich brauche mich des Fußes nicht zu schämen.

Kunigunde. Adelheid, eine wohlerzogene junge Dame hat überhaupt keine Füße.

Eulalie. Weder Füße, noch Beine. Wer in unserer Jugend von Füßen gesprochen hätte, wäre aus der Gesellschaft ausgestoßen.

Kurt. Da möchte ich nur wissen, womit Ihr Beiden so allmälich in die höheren Semester hineingestuppelt seid, wenn nicht mit Euren hochwohlgeborenen vier Füßen und Euren hochwohlgeborenen vier Beinen.

Kunigunde (mit einem neuen Blick des Entsetzens auf Eulalie). Es wird Zeit, Eulalie.

Eulalie. Ja, Kunigunde, es wird Zeit.

Kunigunde. Setzt Euch. (Sie setzt sich mit der Schwester links, Adelheid gleichfalls, wenn auch zögernd und kopfschüttelnd.)

Kurt. Da ich hier zu Hause bin, darf ich wohl stehen bleiben?

Kunigunde. Nach Belieben. (Sich an Adelheid wendend und Kurt ignorierend.) Wir haben über einen Vertreter des alt=ehrwürdigen Namens der Wesselbüren Klage zu führen. Du selbst hast uns bisher keine Schande gemacht, obwohl Du aus einer Seitenlinie unseres Hauses stammst und nur die Adoptiv=tochter unseres verstorbenen Bruders Elimar bist, aber sein echter Sohn Kurt ist auf dem Wege dazu.

Eulalie. Ist auf dem Wege dazu.

Adelheid. Aber Tante, warum —

Kunigunde. Dein Bruder Kurt soll durchaus unstandes=gemäße Neigungen haben. Er soll sogar der Gründer einer Gesellschaft sein, welche sich mit dem Thiernamen der „Wölfe" bezeichnet. In dieser Gesellschaft sollen sich Bürgerliche befinden.

Eulalie (mit einem tiefen Seufzer). Bürgerliche!

Kunigunde. Die Sache ist soweit gekommen, daß etwas geschehen muß, wir haben das auch bereits auf dem letzten Familientage angeregt. Kurt muß heirathen.

Kurt. Wie gütig!

Adelheid (zugleich, erschrocken). Heirathen?

Kunigunde } (zugleich). Heirathen!
Eulalie

Kurt. Da diese Sache auch mich ein ganz klein wenig angeht, dürfte ich vielleicht den Namen der Holden erfahren, die meine Erziehung vollenden soll?

Kunigunde. Es ist Olga von Wertheim.

Kurt (lachend). Olga? Die? Nein, die ist mir zu mager!

Kunigunde (zornig). Und doch sollst Du auf dem letzten Balle bei Wertheims der Dame auffällig den Hof gemacht haben. Dazu ist sie reich —

Kurt. Reich sieht sie allerdings aus, — häßlich wie die Sünde! Uebrigens ist es möglich, daß ich eine halbe Stunde

Als Manuscript gedruckt.

lang kritiklos genug war, ihr den Hof zu machen, wie Ihr es nennt.

Kunigunde (steht auf, Eulalie gleichfalls). Nun, um so weniger wirst Du Dich sträuben, wenn Du erfährst, daß wir die Sache bereits so gut wie in Ordnung gebracht haben.

Kurt (in anderem Ton als bisher, ernsthafter, nervöser, aber nicht pathetisch). In Ordnung gebracht? Ja, seid Ihr denn von Gott und allen Heiligen verlassen? Ich ein Skelett heirathen, Euch zu Liebe? Ein mit Haut überzogenes Knochengerüst, an dessen Ellenbogen ich mich aufspießen würde, wenn ich es umarmen wollte? Ich mich verheirathen lassen, ohne zuvor gefragt zu werden, ohne —

Kunigunde. Ein Wesselbüren thut das Nothwendige ohne Murren, wie denn die Wesselbürens stets die Vertheidiger der Sitte gewesen sind.

Kurt (mit bitterem Lachen). Der Sitte, jawohl! Tante, ich wollte, Du wärest in Indien geboren und hättest einen Mann bekommen, dann —

Kunigunde. Nun?

Kurt. Dann hättest Du Dich nach seinem Tode verbrennen lassen müssen, das hätte die Sitte von Dir gefordert. Es lebe die Sitte!

Kunigunde (scharf). Jawohl, sie lebe!

Kurt. Nein, liebe Tante, es lebe die Sittlichkeit! Der Teufel aber hole die Sitte, hole all' diese sogenannten guten Sitten, die oft genug so herzlich schlecht sind, und die man nicht mehr kennt, wenn man hundert Meilen mit der Eisenbahn gefahren ist.

Kunigunde. Das ist keine Antwort für Olga von Wertheim.

Kurt. Eine Antwort wollt Ihr? Nun, sie kann Euch werden. Stellt aber einen Sessel hinter Euch, damit Ihr nicht zu hart fallt, wenn Ihr ohnmächtig werdet. Jawohl, ich will heirathen —

Adelheid (steht auf). Kurt!

Kurt. Ja, Adelheid, ich sage: heirathen. Und Du weißt es, wen, wenn wir auch leider ihren Namen noch nicht kennen. Aber so viel weiß ich, (zu den Tanten) von Adel wird sie nicht sein, Euch wird sie, Gott sei Dank, nicht gleichen und Olga von Wertheim wird sie nicht heißen. Ja, Euch zum Aerger heirathe ich so unstandesgemäß als möglich, heirathe eine ganz furchtbar Bürgerliche, eine Meier, eine Müller, eine Schulze —

Kunigunde ⎫ (zugleich). Müller!
Eulalie ⎭ Meier!

Adelheid. Kurt, Du wirst diesen Scherz doch nicht weiter treiben!

Kurt. Ein Scherz war es vorhin, jetzt wird es Ernst. (Zu den Tanten.) Jawohl, starrt mich nur an, als wenn all' Eure vermoderten Ahnen eine Polonaise an Euch vorübertanzten. Ich gehe jetzt in mein Zimmer, setze den Hut auf, und dann hinaus auf die Straße. Und wenn ich ein Mädchen finde, das mir gefällt, das jung, hübsch und natürlich ist, das wird gefragt: „Willst Du Frau Baronin werden? Willst Du nebenbei einen reichen, gutmüthigen, hübschen Kerl zum Manne haben?" Na, die wird doch nicht nein sagen! Sie wäre ja dumm, wenn sie's thäte! Das ist mein Plan, jetzt wißt Ihr's und könnt Euch danach richten. (Giebt Adelheid die Hand.) Adieu, Adelheid — (verbeugt sich vor den Tanten) meine hochverehrten Ahnfräuleins, wenn Ihr jetzt in Ohnmacht fallen wollt, meinen Segen habt Ihr. (Rasch ab nach rechts.)

9. Scene.

Adelheid. Kunigunde (und) **Eulalie von Wesselbüren.**

Kunigunde (erregt). Das war stark!

Eulalie. Sehr stark war das!

Adelheid. Ihr habt ihn gereizt, er ist eigenwillig und starrköpfig, so gut er ist im Grunde seines Herzens.

Kunigunde. Das muß die Familie wissen. Ich rufe den Familienrath zusammen.

Adelheid. Versuche nicht, Kurt zu zwingen, Du bewirkst das Gegentheil.

Kunigunde. Ueberlaß das mir. Ich gehe zu Onkel Wilhelm oben, ich weiß, er denkt wie ich —

Eulalie. Und ich.

Kunigunde. Und Du, Eulalie. Ich komme hierher zurück, —

Eulalie. Wir kommen zurück.

Kunigunde. Ja, wir kommen zurück. Ihr seid elternlos, hilflos, gedankenlos, wir müssen Euch ersetzen, was Euch fehlt. Komm', Eulalie.

Eulalie. Ich komme, Kunigunde. (Beide ab durch die Mitte.)

Als Manuscript gedruckt.

10. Scene.

Adelheid (allein).

Adelheid. Geht nur. An Euch will ich keine Worte verschwenden. Ihr werdet meinen Kurt niemals verstehen lernen. Aber er, — er selbst! (Kleine Pause, sie tritt zu dem Geburtstagtisch.) Ach, das ist ein unfreundlicher Geburtstag. Mein lieber Kurt! (Sie nimmt einen Band Shakespeare vom Tisch und blättert darin. Liest:)

> Daß unserm Wunsch kein Körper ward verliehn,
> Der fühlbar sei; damit wir Aermeren,
> Beschränkt von unserm neid'schen Stern auf Wünsche,
> Mit ihrer Wirkung folgten dem Geliebten,
> Und er empfände, wie wir sein gedacht.

(Spricht seufzend.) Dreihundert Jahre alte Worte für einen Seufzer von heute. (Geht langsam ab nach links, indem sie leise wiederholt.) Und er empfände, wie wir sein gedacht! (Ab nach links.)

11. Scene.

Josef (durch die Mitte, gleich darauf) **Anna Müllenthien.**

Josef (schaut ins Zimmer, da er es leer findet, spricht er hinaus). Kommen Sie nur herein, das gnädige Fräulein ist nicht hier.

Anna (jung, frisch, keck, ohne aufbringlich zu sein, spricht mit einem leichten Anflug von Berliner Dialekt; sie ist einfach, aber mit Geschmack gekleidet). Nun, da warten wir ein wenig.

Josef. Soll ich Ihnen warten helfen?

Anna. Ich glaube, mit mir allein bin ich in besserer Gesellschaft.

Josef. Da sagt Ihnen aber Niemand, wie hübsch Sie sind.

Anna. Machen Sie Ihre Liebeserklärungen dem Stubenmädchen.

Josef. Na, man sachte! So stolz sind Sie auch keine hundert Jahre mehr.

12. Scene.

Vorige. Kurt (von rechts, den Hut in der Hand, zum Ausgehen angekleidet).

Kurt (hat die letzten Worte gehört). Josef!

Josef (erschreckend). Herr Baron!

Kurt. Was machen Sie denn?
Josef. Ich — wollte das Fräulein bei dem gnädigen Fräulein melden.
Kurt. Das vollführen Sie auf etwas ungewöhnliche Manier.
Josef. Ja, ich wollte —
Kurt. Gehen Sie.
Josef (ab nach links).

13. Scene.

Kurt. Anna.

Kurt. Hat der Flegel Sie belästigt, mein Fräulein?
Anna. Nein, — so etwas macht mir nichts.
Kurt. Sie wünschen meine Schwester zu sprechen?
Anna. Ja, und ihr Glück zu wünschen zum Geburtstag. Wir waren einmal Spielkameradinnen vor langen, langen Jahren, bevor Fräulein Adelheids Eltern starben, und der verstorbene Herr Baron das arme, verlassene Wurm an Kindesstatt annahm. Auf Grund dieser alten Bekanntschaft wage ich mich einmal im Jahre hierher.
Kurt. Aber ich bin Ihnen niemals begegnet.
Anna (lächelnd). Ein schmerzlicher Zufall für uns Beide!
Kurt. Ihren Namen sollte ich freilich wissen. Adelheid hat mir von Ihnen erzählt. Sie heißen —
Anna. Anna.
Kurt. Jawohl, Anna, und weiter?
Anna. Anna Müllenthien.
Kurt. Müller? Was für ein Müller?
Anna. Nicht Müller — Müllenthien.
Kurt. Aber es klingt ähnlich. (Für sich.) Tante Kunigunde, es klingt ähnlich! (Laut.) Warum kommen Sie nicht öfter?
Anna. Das würde sich nicht passen.
Kurt. Oh, sagen Sie das nicht. Sie sind —
Anna (heiter). Eine arme Verkäuferin. Nichts weiter.
Kurt. Verkäuferin? Und wo? In welchem Geschäft?
Anna. Bei Katz und Silberstein in der Friedrichstraße.
Kurt. Da gehe ich ja täglich vorüber —

Als Manuscript gedruckt.

Anna. Das thun Viele.

Kurt. Und ich habe niemals hineingesehen —

Anna. Es ist auch kein Geschäft für Herren.

Kurt (für sich). Die ist ja reizend! (Laut.) Wissen Sie auch, daß ich eben ausgehen wollte?

Anna (lächelnd, mit einem Blick auf seinen Anzug). Es sieht so aus.

Kurt. Aber nicht, wie man sonst ausgeht. Ich hatte einen besonderen Zweck. Ich wollte etwas suchen.

Anna. Haben Sie etwas verloren?

Kurt (schaut sie an, legt die Hand auf sein Herz, heiter, ohne Sentimentalität). Noch nicht, aber ich glaube, es könnte geschehen.

Anna. Da müssen Sie sich hüten.

Kurt. Sie kommen da hereingeschneit in mein Haus, — gerade in diesem Augenblick — es ist wie ein Wink von oben. Und wenn ich Sie betrachte, wenn ich Ihre fröhlichen Augen sehe, wenn ich Ihre frische, klare Stimme höre, — ich glaube wahrhaftig, Sie sind ein Mensch!

Anna (lachend). Das will ich hoffen!

Kurt. Sie sind so weiblich, und doch keck dabei, so niedlich —

Anna. Ja, das finde ich auch.

Kurt. Das finden Sie auch? Und wer hat es Ihnen denn gesagt?

Anna. Oh, Viele. Und Einer sagt es mir täglich.

Kurt. Wer ist das?

Anna. Mein Spiegel.

Kurt. Sehen Sie oft hinein?

Anna. So oft ich Zeit habe.

Kurt. Sind Sie eitel?

Anna. Das sind alle Frauenzimmer.

Kurt. Hören Sie einmal, — Sie sind ja reizend!

Anna. Das ist etwas viel gesagt, — aber ein netter Kerl bin ich, das weiß ich.

Kurt. Und sprechen es so offen aus, — ja sprechen Sie denn überhaupt aus, was Sie denken?

Anna. Natürlich. Dazu hat man ja die Zunge.

Kurt. Und Sie gebrauchen sie dazu! Das ist einzig, herrlich, menschlich! Sind Ihre Eltern ebenso wie Sie?

Anna (lachend). Meine Alten? Ach, die kenne ich kaum.

Kurt. Sie sind doch keine Waise?

Anna. Im Gegentheil. Zwei lebendige Eltern und fünf lebendige Geschwister. Aber als ich klein war, da ging es den Alten nicht gut, und da hat eine Tante mich zu sich genommen und aufgezogen und hat mich ganz hübsch was lernen lassen, — eine brave Frau war's. Vor einem halben Jahre ist sie nun gestorben, und seitdem bin ich wieder zu Haus, aber den ganzen Tag im Geschäft — da sieht man einander wenig.

Kurt. Sagen Sie einmal: Da Sie so niedlich sind — Sie sagen es ja selbst — haben Sie da nicht einen Schatz, einen Verlobten?

Anna (mit einem Seufzer). Ach nein!

Kurt. Das ist famos!

Anna. Das ist gar nicht famos, Sie Unmensch — Herr Baron, wollte ich sagen.

Kurt. Lassen Sie den Baron nur fort. Aber ein Mensch möchte ich freilich sein, in Ihren Augen, wie in allen anderen, kein Unmensch.

Anna. Nun, ich nehme den Unmenschen zurück. Es ist nur so ein Ausdruck. Hans nenne ich so, wenn er mich ärgert.

Kurt. Ist das ein großer, oder ein kleiner Hans?

Anna. Ein ganz großer. Er ist ja Sergeant.

Kurt. Der wird doch kein Unmensch sein, wenn er Ihr hübsches Gesicht zu sehen bekommt!

Anna. Ach, er ist nur Soldat. „Erst der Dienst, dann die Frauenzimmer," sagt er stets.

Kurt. Aber Abends nach dem Dienst, da spricht er Ihnen von Liebe, nicht wahr?

Anna. Nein, nein! Das hat er noch niemals gethan. Wir sind gut Freund mit einander, wir gehen zusammen aus, — er ist ein Verwandter von uns, — so ein ganz entfernter — aber (mit einem tiefen Seufzer) von Liebe spricht er niemals. Und immer nur von seinem Rittmeister zu hören, von seinem „Alten", das kriegt man doch satt, — man will doch endlich auch einmal etwas für's Herz.

14. Scene.

Vorige. Kunigunde (und) **Eulalie von Wesselbüren** (durch die Mitte. Sie stutzen und horchen, als sie Jene erblicken, von denen sie zunächst unbemerkt bleiben).

Kurt. Für Ihr junges, frisches, neugieriges Herz, — ja, das kann ich Ihnen nicht verdenken. Geht es doch Ihnen wie mir. Auch mein Herz verlangt etwas für sich, es sucht etwas, es ruft immer lauter nach einem Menschen unter all' den Larven und Puppen und Gespenstern.

Kunigunde }
Eulalie } (zugleich im Ton des Vorwurfs). Kurt!

Kurt (herumfahrend, ärgerlich). Was? Ihr? Ihr habt wohl gehört, daß ich von Gespenstern gesprochen, und erscheint pünktlich auf Euer Stichwort?

Kunigunde }
Eulalie } (wie oben). Kurt!

Kurt (lacht auf). Wie die Warnerinnen in den alten Familiengeschichten. Aber ich bedarf Eurer nicht, ich bin ein Mann, ich weiß, was ich zu thun habe.

Kunigunde. Wir sind hier, um zu hindern, daß Du eine Thorheit begehst.

Kurt (mit bitterem Lachen). Und Ihr müßt es von mir hören, daß ein Wesselbüren überhaupt keine Thorheit begehen kann? Davor schützt ihn ja sein altehrwürdiger Name, davor schützt ihn sein blaues Blut, davor schützt ihn die siebenzackige Krone in seinem Wappen. Nicht wahr, so ist es doch?

Kunigunde. So sollte es sein, in der That.

Anna. Aber, meine Damen —

Kunigunde. Wer ist das Mädchen?

Kurt (mit plötzlichem Einfall). Wer es ist? Die zukünftige Baronin von Wesselbüren vielleicht.

Anna. Herr Baron!

Kunigunde (zugleich). Treib' keine albernen Scherze.

Kurt. Wer sagt Euch, daß es ein Scherz ist? Vielleicht könntet Ihr Eurem Herrgott auf den Knieen danken, wenn dies junge, frische Reis Eurem morschen, alten Stammbaum aufgepfropft würde. Ja, seht mich nur an, wie zwei Medusen auf einmal, mich werdet Ihr nicht versteinern, mich gewiß nicht.

Kunigunde (zu Anna). Mein Fräulein, es würde das Beste sein, wenn Sie dies Zimmer verließen.

Kurt. Verlassen? (Zu Anna.) Sie bleiben hier, — da, nehmen Sie meinen Arm. (Nimmt ihre Hand, legt sie in seinen Arm.) Ich lasse Ihnen nichts thun, glauben Sie das nicht.

Anna. Angst habe ich nicht.

Kurt. Seht uns doch einmal an, verehrte Tanten. Passen wir nicht zusammen? Zwei junge, frische Menschen, die nichts sein wollen als Menschen! Abgeschnitten der Zopf der Standesvorurtheile, ohne das schwere Gepäck vermoderter Traditionen munter hineinmarschirt in eine neue Zeit, — Anna und Kurt, ich meine, das gäbe einen guten, harmonischen Klang — vorausgesetzt, daß die Anna den Kurt haben wollte —

Kunigunde. Treib' es nicht weiter, Kurt!

Kurt. Nun erst recht! Probiert es nur einmal, und gewöhnt Eure Ohren an einen neuen Ton.

15. Scene.

Vorige. Adelheid (tritt ungesehen von den Uebrigen von links auf).

Kurt (fortfahrend). Probiert, wie es klingt, wenn ich sage: Da sind wir, so treten wir vor Euch hin, und der letzte Vertreter des alten Geschlechts der Wesselbüren verkündet es feierlich: Als Verlobte empfehlen sich: Kurt von Wesselbüren und Anna Müllenthien.

Adelheid ⎫   Kurt!
Kunigunde ⎬ (zugleich).   Verlobte!
Eulalie   ⎭   Müllenthien!

Kurt (beugt sich zu Anna nieder, mit trockenem Humor). Na, wie denken Sie denn über die Sache?

Anna. Ich verstehe nicht ein Wort von der ganzen Geschichte!

(Vorhang fällt.)

Als Manuscript gedruckt.

Zweiter Akt.

(Dieselbe Dekoration wie im ersten Akt. Es ist Nachmittag.)

1. Scene.

Adelheid. Kurt (sitzen rechts).

Adelheid (legt Kurt die Hand auf den Arm). Sag' mir das Eine, Kurt, war es Scherz oder Ernst?

Kurt (lachend). Nun, Ernst natürlich.

Adelheid. Wirklich, im Ernst?

Kurt. Wenn Du so feierlich fragst: eigentlich that ich's den Tanten zum Aerger.

Adelheid. Liebst Du sie, Kurt?

Kurt. Die Tanten?

Adelheid. Nein·· dies Mädchen.

Kurt. Ist sie nicht reizend?

Adelheid. Sie ist hübsch ——

Kurt. Hat sie nicht den Takt und die Bildung des Herzens? Hat sie nicht mit Anmuth und Humor sich aus der Affaire gezogen? Wie sie zuletzt vor den Tanten knixte und sie mit einem spitzbübischen Lächeln ansah — so von unten herauf — und dann hinauslief zur Thür, war das nicht zum Entzücken?

Adelheid. Du liebst sie, Kurt?

Kurt (aufstehend, heiter). Frag' doch Deinen Shakespeare, den Unfehlbaren. Romeo, Lucentio ... liebten sie nicht Alle auf den ersten Blick?

Adelheid (in schmerzlichem Ton, steht gleichfalls auf). Oh, Kurt, so liebst Du sie!

Kurt (betroffen). Adelheid! Lieben? Weißt Du, das ist ein Begriff, den man sich klar machen muß. Lieben — ich finde sie reizend, offen, natürlich — aber lieben? Ich glaube, das ist doch noch etwas anderes.

2. Scene.

Vorige. Josef (durch die Mitte).

Josef. Fräulein Müllenthien.

Kurt. Sie selbst! Eintreten lassen, Josef, rasch!

Josef. Das Fräulein bittet, das gnädige Fräulein allein sprechen zu dürfen.

Kurt. Oh weh, meine Chancen sind schlecht! Dann räume ich das Feld, Adelheid, aber nur auf zehn Minuten; länger läßt meine Neugierde sich's nicht gefallen. (Geht ab nach rechts.)

Adelheid. Ich lasse bitten.

Josef (ab durch die Mitte, indem er Anna Müllenthien eintreten läßt).

3. Scene.

Adelheid. Anna.

Anna (lebhaft auf Adelheid zu). Sind Sie mir böse, Fräulein Adelheid?

Adelheid (ihr die Hand entgegenstreckend). Nein, Anna, Ihnen nicht.

Anna. Das ist famos! Dann können wir zusammen lachen über die dumme Geschichte. Ich habe seit heute Morgen schon so viel gelacht!

Adelheid (schwermüthig). Ich habe nicht gelacht.

Anna. Sie sehen freilich nicht so aus. Aber nehmen Sie die Sache doch nicht tragisch, es war ja nur ein Scherz.

Adelheid. Und wenn es mehr wäre? Wenn er Sie nun doch zu seiner Frau machen wollte, was würden Sie antworten?

Anna. Ja, wenn es Ernst wäre, — Frau Baronin, — das klingt! Anna Müllenthien, Frau Baronin, — das ist ein Unterschied. Aber es ist ja nur ein Scherz, ich kenne doch Männer! (Aufhorchend nach der Mittelthür.) Kommt er da?

Adelheid (nach rechts zeigend). Nein, er ist dort, in seinem Zimmer.

Anna (nähert sich der Mittelthür). Aber draußen wird gesprochen, — Herr Gott, der Alte!

Adelheid. Wer?

Als Manuscript gedruckt.

Anna. Der Alte, — meiner! Nein, das ist zu dumm! Ich habe es ihm ausdrücklich verboten, und nun kommt er doch angesetzt. Er will „Klarheit in die Situation bringen", wie er sich ausdrückt, und um das zu verhüten, bin ich hierher gelaufen.

Adelheid. Ihr Vater? Ihm möchte ich jetzt nicht begegnen. Sprechen Sie mit ihm und suchen Sie ihn zu entfernen.

Anna. Will ich schon besorgen. Ich bringe Ihnen Nachricht auf Ihr Zimmer.

Adelheid (nach links abgehend). Auf Wiedersehen also.

Anna. Auf Wiedersehen.

4. Scene.

Anna. Josef. Müllenthien.

Anna (eilt zur Mittelthür und öffnet sie, draußen stehen Josef und Müllenthien).

Josef. Ich sagte Ihnen ja, es sei Besuch da.

Müllenthien (auf Anna weisend. Alle Mitglieder der Familie Müllenthien, mit Ausnahme von Anna, sprechen im ausgeprägten Berliner Dialekt.) Det hier? Det is keen Besuch, det is mein eigen Fleisch un Bein.

Anna. Na, da Du einmal da bist, komm' hereinspaziert.

Josef. Ja, aber —

Anna. Der Herr ist mein Vater. (Mit einer großartigen Handbewegung.) Sie können gehen.

Josef. Herr Gott, wie das sich hat! (Ab.)

5. Scene.

Anna. Müllenthien.

Müllenthien (tritt ein. Er ist ein Mann von etwa fünfzig Jahren, glattes, aufgedunsenes Gesicht, dünnes, röthlich-blondes Haar. Nachgemachter Biedermann mit gut gespielter Jovialität). Du, den schaffen wir ab, det is 'n Flegel.

Anna. Schaffen wir ab? Wieso?

Müllenthien. Na, oder Du schaffst 'n ab, mein Joldkind, wenn Du det lieber hörst. Wenn Du hier erst die gnädige Herrschaft bist.

Anna. Mach' doch keine schlechten Witze.

Müllenthien. Ja, weeßt Du, wenn man keene jute machen kann, denn muß man sich mit schlechte behelfen.

Anna. Was willst Du hier?

Müllenthien. Mich Deiner annehmen, daß Dir nischt zu Leide jeschieht.

Anna. Dafür sorge ich schon selbst. Ich habe Dir doch gesagt, daß ich die Sache allein in Ordnung bringen würde, und ich könnte mich ohrfeigen, rechts und links, daß ich Euch überhaupt davon gesprochen habe.

Müllenthien. Nee, det war jut. Det war Deine Pflicht. Meenst Du, mein Herz sei von Stein, daß es nich weich würde, wenn es sich um det Lebensglück von meine älteste Tochter handelt?

Anna. Aber darum handelt es sich gar nicht. Der Baron hat sich einen Scherz gemacht, dafür werde ich ihm gelegentlich meine Meinung sagen, und damit ist die Geschichte erledigt.

Müllenthien. Nee Du, diese Meinung werde ick ihm sagen. Dafür bin ick der Vater. Er soll nich jlooben, daß er mit Füße auf uns herumtrampeln kann, weil er ein Baron is, un wir nur einfache Leute sind, arm, aber ehrlich. Nee, det is nich. Wir haben ooch unser Ehrgefühl, un nu ich erst. Umsonst steht man nich in Beziehung zu die Kunst; det veredelt, det verfeinert, det macht empfindlich.

Anna. Ach, laß doch —

Müllenthien. Nee, nee, da lasse ick mir nich 'rin reden. Mit dem Baron will ick sprechen, darum bin ick herjekommen. Det bin ick Dir schuldig, mein Mäuschen, mit Dir sollen sie nich spielen.

Anna. Nun, wenn Du es nicht anders thust, der Baron ist da drin in seinem Zimmer. (Deutet nach rechts.) Geh' hinein, rede mit ihm, aber sei gebildet. Und vor Allem widersprich ihm nicht, sonst thut er erst recht, was man nicht haben will.

Müllenthien. Nich widersprechen? So? Widersprechen darf man ihm nich? Aha! Is jut, laß mich nur machen.

Anna. Also, Alter, — gebildet und kurz, verstehst Du?

Müllenthien. Jebildet un kurz, — natürlich. (Anna ab nach links.)

Als Manuscript gedruckt.

6. Scene.

Müllenthien (allein, gleich darauf) **Bärnstatt.**

Müllenthien (allein). Nich widersprechen darf man ihm? Na, ick denke, die Sache läßt sich fingern.

Bärnstatt (durch die Mitte). Ah, der Baron ist nicht hier?

Müllenthien. Der Herr Baron is uff sein Zimmer. Ick wollte eben zu ihm 'rinjehen.

Bärnstatt (ihn etwas mißtrauisch und hochmüthig betrachtend). Sie wollten zu ihm, so?

Müllenthien. Jawoll, ick heiße Müllenthien.

Bärnstatt (kühl). Angenehm. Regierungsrath Bärnstatt.

Müllenthien. Erlooben Sie 'mal, habe ick recht jehört? Rejierungsrath Bärnstatt aus die Behrenstraße?

Bärnstatt. Allerdings, aber —

Müllenthien. Die Frau Jemahlin 'ne jeborene Oppermann?

Bärnstatt. Was geht denn Sie meine Frau an?

Müllenthien. Wenn Schiller nich jesagt hätte „et jiebt keenen Zufall", ick würde sagen: det is 'n Zufall un 'n janz merkwürdiger.

Bärnstatt. Ich verstehe Sie nicht.

Müllenthien. Denken Sie sich, jrade jestern habe ick mit meine Karoline — wat meine Frau is, — von Sie jesprochen.

Bärnstatt. Ich wüßte nicht, wie ich —

Müllenthien. Die Sache is nämlich die: Meine Frau, meine Karoline, det is 'ne Ziesenitz.

Bärnstatt. Ich habe durchaus keine Beziehungen zur Familie Ziesenitz.

Müllenthien. Zu dies eine Jlied derselben leider doch, — leider sage ick von meinem ehelichen Standpunkt aus. Meine Frau war bei's Ballet.

Bärnstatt (etwas betreten). Beim Ballet?

Müllenthien. Jawoll, erste Quadrille, fein! Herr Rejierungsrath waren doch immer 'n jroßer Kunstfreund. Erinnern Sie sich der kleenen Cissa di Nissa nich mehr?

Bärnstatt (erschreckt). Cissa di Nissa?

Müllenthien. Ja, so muß det doch jemacht werden bei's Theater. Ziesenitz, — na, da wird Cissa di Nissa draus.

Bärnstatt. Und diese kleine Cissa bi Nissa ist jetzt -
Müllenthien. Meine Frau, zu dienen.
Bärnstatt. Und tanzt sie noch?
Müllenthien. Nee, det jetzt nich mehr. Sie is höllisch aus 'm Leim jejangen un jünger is sie ooch nich jeworden. Sie war schon über die Blüthe, als ick ihr heirathete, — det Ballet is eben 'n anstrengendes Metier.
Bärnstatt. Und Ihre Frau hat von mir gesprochen?
Müllenthien. Ja, wissen Sie, ooch in die jlücklichsten Ehen jiebt et doch zuweilen kleene Differenzen, kleene Auseinandersetzungen. Un wie ick nu neulich 'mal 'n bisken lebhaft uff Karoline einrede, da stoße ick mit die Hand 'n Kasten 'runter, an dem sie jrade herumkramt un in dem sie ihre Erinnerungen an ihre Künstlerlaufbahn uffbewahrt. Un da fällt 'n Paquet Briefe uff die Erde.
Bärnstatt. Briefe?
Müllenthien. Jawoll. Mit 'n blaues Bändchen zusammenjebunden, janz hübsch ordentlich. Un wie ick frage, von wem sie sind, da jesteht sie mir, er heißt Bärnstatt un is jetzt Rejierungsrath un wohnt in die Behrenstraße. Na, mir hätten Sie sehen sollen!
Bärnstatt. Aber, Herr Müllenthien —
Müllenthien. Jawoll, jetzt weeß ick det ja, det is 'ne janz harmlose Sache jewesen, die reene Kunstbejeisterung. Un ick hätte mir det ooch jleich sagen können, denn meine Frau is 'ne ehrsame Frau un die tugendhafte Mutter von fünf wohlerzogene Kinder, — un so is sie ooch schon als Mächen jewesen. Un überhaupt, mit's Ballet, det is ja 'n jroßes Vorurtheil, un det sind jrößtentheils lauter tugenhafte Mächens. Aber zuerst, da habe ick mir doch in meine Jattenehre schmählich jekränkt jefühlt, un so 'ne Jattenehre, det is keene Kleinigkeit.
Bärnstatt. Und diese Briefe —
Müllenthien. Det wollte ick jrade sagen. Mit meine Frau habe ick hin und her drüber jesprochen, un zuletzt haben wir ausjemacht, ick gehe in die nächsten Tage hin zu'n Herrn Rejierungsrath. „Un da muß sich doch 'ne Einigung finden lassen", hat Karoline jesagt. Na, un det hoffe ick ja ooch, denn in mein Haus dulde ick diese Briefe nich länger.
Bärnstatt. Warum verbrennen Sie sie denn nicht?

Als Manuscript gedruckt.

Müllenthien. Verbrennen? Nee, so wat verbrennt man nich! So 'ne Briefe von vornehme Herrens, die sind für so'n armes Mächen von's Ballet doch jewissermaßen 'n Kapital.

Bärnstatt (erschreckt). Ein Kapital?

Müllenthien. Na ja, man kann doch nie wissen, ob nich so'n Herr, besonders wenn er sich hinterher mit Hilfe von 'ne lejitime Jemahlin von alle Jugendfreuden losjerissen hat, eines schönen Tages daher kommt un sagt: „Ick möchte nich, daß die Briefe sich länger in die Oeffentlichkeit uffhalten, det is mir peinlich, det jenirt mir. Ick weeß, sie sind Ihnen werthvoll als theure Pfänder aus schöne Zeiten, un darum jebe ick Ihnen zweitausend Märker dafür, un denn is die Sache in Ordnung."

Bärnstatt. Zweitausend Mark!

Müllenthien. Na, ick nenne ja nur so 'ne Summe. Von Ihnen würde Karoline det ja jar nich nehmen.

Bärnstatt (halb für sich). Gott sei Dank!

Müllenthien. Nee, bei Ihnen würde Sie mit fünfzehnhundert janz zufrieden sein.

Bärnstatt. Sind Sie von Sinnen?

Müllenthien. Sie müssen mir nich mißverstehen. Ick will Ihnen ja nich drängen, det widersteht meinem Charakter janz un jar. Nur in mein Haus können die Briefe nich länger bleiben, det verträgt sich nich mit meine Jattenehre. Un wenn Sie ihnen nich wollen, denn meint Karoline, wir wollten 'mal sehen, ob Ihre Frau Jemahlin nich vielleicht Werth druff legt, ihnen zu besitzen.

Bärnstatt (sehr erschreckt). Meine Frau? Was fordern Sie für die Briefe?

Müllenthien. Ick würde sie Ihnen ja jerne umsonst jeben, wenn ick sie nur aus mein Haus los werde. Aber Karoline jiebt sie nich unter fünfzehnhundert, sie trennt sich zu schwer von so 'ne Erinnerungen.

Bärnstatt (eifrig). Sie sollen das Geld bekommen. Wann kann ich die Briefe haben?

Müllenthien. Heute, morjen, ick bringe sie Ihnen, wann Sie wollen.

Bärnstatt. Nicht bringen; ich werde sie mir holen; morgen Vormittag, wenn ich Sie da treffe.

Müllenthien. Es wird mir 'ne besondere Ehre sein.
Bärnstatt. Gut, ich komme.

7. Scene.

Vorige. Kurt (von rechts).

Kurt. Ah, Sie hier, Herr Regierungsrath? Das trifft sich gut. Sie wollten ja gern einmal die „Wölfe" kennen lernen. Wir tagen heute, da kann Ihr Wunsch erfüllt werden. Wenn Sie sich hineinbemühen in die Wolfsschlucht, — will sagen in's Rauchzimmer drüben, so denke ich, das Drachenblut wird Ihren Beifall haben.

Bärnstatt (halblaut). Ja, kann man denn das auch wirklich, ohne sich etwas zu vergeben?

Kurt. Sie sind mein Gast, also sollte ich es denken.

Bärnstatt. Gut, ich gehe. (Halblaut zu Müllenthien.) Haben Sie von dem auch Briefe?

Müllenthien (ebenso). Noch nich. Aber was nich is, kann werden.

Kurt (zu Bärnstatt, der nach rechts geht). Ich komme bald nach.

Bärnstatt. Auf Wiedersehen also in der Wolfsschlucht. (Ab nach rechts.)

8. Scene.

Kurt. Müllenthien.

Kurt. Und Sie, mein Herr ---?

Müllenthien (mit einem Ton des Vorwurfs). Ick bin Müllenthien.

Kurt. Müllenthien?

Müllenthien. Müllenthien.

Kurt (für sich, ihn etwas scheu und zweifelhaft betrachtend). Mein Schwiegervater! (Laut.) Sie sind Anna's Vater? Der Vater meiner — (bricht ab).

Müllenthien. Ihrer Braut, wollten Sie sagen, nich wahr?

Kurt. Nun, das wollte ich nicht gerade sagen.

Müllenthien. Aha! Sie zuppen zurück. Na, det konnte man sich denken.

Kurt. Was konnte man sich denken?

Als Manuscript gedruckt.

Müllenthien. Daß Sie nur Ulk jetrieben haben mit det Mächen. Dafür sind wir ja jut jenug für die vornehmen Herrens.

Kurt. Oh, es giebt Ausnahmen!

Müllenthien. Kann schon sein. Aber selten sind sie. Un Sie, Herr Baron —

Kurt. Ich bin stolz darauf, gerade ich, eine solche Ausnahme von meinen Standesgenossen zu sein.

Müllenthien (für sich). „Nich widersprechen" hat sie gesagt. (Laut.) Det klingt recht schön, aber et sind doch nur Worte.

Kurt. Ich bleibe nicht bei Worten stehen.

Müllenthien. Na, Ihre Thaten, Herr Baron — nischt für unjut, aber die sind danach.

Kurt. Wieso? Wieso denn?

Müllenthien. Is det etwa nobel, 'nem armen Mächen 'n joldenen Löffel vor'n Mund zu halten un 'n denn wieder wegzuziehen, wenn sie jerade zuschnappen will? Sie zu fragen, ob Sie Frau Baronin werden will, und wenn sie die Hand ausstreckt, um zuzujreifen, sich umzudrehen un sie nich mehr zu kennen? Is det nobel?

Kurt (erregt). Wer sagt Ihnen, daß ich so handele?

Müllenthien. Ach, det kennt man doch.

Kurt. Sie könnten auch einmal etwas Neues kennen lernen.

Müllenthien. Da kann ick lange warten.

Kurt. Aber ich sage Ihnen —

Müllenthien. Reden Sie sich 'n Mund nich fusselig, ick jloobe Ihnen nich.

Kurt. Zum Teufel, ich werde es Ihnen beweisen, daß ich ein Ehrenmann bin. Auch ein Wort, das ich halb im Scherz gegeben, ist mir heilig —

Müllenthien. Haha! Die Heiligkeit!

Kurt. Machen Sie mich nicht ärgerlich. Ich werde Ihre Tochter heirathen.

Müllenthien. Heirathen? Auf vierzehn Tage vielleicht, uff Kündigung? Nee, dafür is det Mächen zu jut. 'Ne jute Frau wird sie werden für den Mann, der ihr mal kriegt, aber Sie sind dieser Mann nich, Herr Baron.

Kurt. Das werden wir sehen!

Müllenthien. Nee, det werden wir nich sehen.

Kurt. Ich versichere Sie —

Müllenthien. Versichern Sie jar nischt. Freuen Sie sich, daß Sie Ihr Wort noch haben.

Kurt. Ich betrachte mein Wort als gegeben.

Müllenthien. Freuen Sie sich —

Kurt. Lassen Sie mich mit Ihren Redensarten in Frieden, mit Ihrem beständigen Widerspruch!

Müllenthien. Ick widerspreche doch nich — ick?

Kurt. Hören Sie einmal, jetzt wird mir's zu bunt.

Müllenthien. Rejen Sie sich man blos nich uff. Mir machen Sie doch nischt vor.

Kurt. Donnerwetter, Herr, können oder wollen Sie mich nicht verstehen? Ich sage Ihnen, daß ich nichts zurücknehme, was ich einmal versprochen habe. Ich erkläre Ihnen hiermit feierlich, — nein, das werde ich Ihnen vor Zeugen erklären. (Geht zur Thür links, öffnet sie.) Adelheid, bitte, komm' einmal her. Und Sie sind auch noch da, Fräulein Anna, das trifft sich gut. Da sind wir gleich beisammen.

9. Scene.

Vorige. Adelheid. Anna (von links).

Anna. Was ist denn los?

Adelheid. Hier wurde so laut gesprochen.

Kurt. Anna, geben Sie mir Ihre Hand. (Sie thut es kopfschüttelnd.) Sie, Herr Müllenthien, die Ihre. (Ergreift Müllenthiens Hand, so daß er zwischen Beiden steht.) Und wie ich hier die Hand Ihrer Tochter halte, so bitte ich Sie, mir diese Hand für heute und alle folgenden Tage zu lassen. Ich erbitte hiermit feierlich Ihre Tochter als Frau.

Adelheid (halblaut, aber sehr erregt). Um Gotteswillen, was thust Du?

Müllenthien (scheinbar sehr gerührt). Nee, is denn det die Möglichkeit? Is denn det Ernst? Ein Baron, ein leibhaftiger Baron und meine Tochter? Anneken, hast Du's gehört? Baronin sollst Du werden, un det Allens hier jehört Dir — sieh' nur die Möbel an, Du, det is Seide! Ein Baron unser Schwiegersohn, was wird die Olle sagen, wenn sie det hört!

Als Manuscript gedruckt.

Anna (halblaut zu Adelheid). Was soll ich thun? Was soll ich sagen?

Adelheid (ebenso). Sie wollten ja gern Baronin werden, nun ist der Traum Wirklichkeit.

Kurt. Und Sie, Anna, Sie sagen nichts?

Anna (zwischen Lachen und Weinen). Mir fällt nichts ein; ich glaube, es ist das erste Mal im Leben, daß mir das passirt.

Müllenthien (leise zu ihr). Freu' Dir doch, sei doch jerührt.

Kurt. Sie wollen mich nicht, Anna?

Müllenthien (leise zu Anna). Mach' keene Sperenzien — oder

Anna (mit einem Seufzer, humoristisch). Na, dann wollen wir's einmal versuchen als Baronin. (Reicht Kurt beide Hände). Da haben Sie mich, wenn Sie mich wirklich wollen.

Müllenthien (fängt an zu weinen). Meine Tochter, mein eenziges Kind!

Anna. Du hast ja noch vier von der Sorte.

Müllenthien. Det jlückliche Kind is immer det eenzige.

Kurt (lachend). Das unglückliche, sagt Lessing.

Müllenthien. Der hat sich versprochen. Ich muß doch det wissen! Aber nu nach Hause zur Ollen. Wenn die det nich erfährt in die erste Viertelstunde, denn habe ick nie wieder 'n juten Tag. Un wat ick sagen wollte (zu Kurt), morjen — ja morjen, da müssen Sie zum Frühstück kommen zu uns, da wollen wir Verlobung feiern, nich großartig, nee, det können wir nich, aber anständig. Jeder nach seine Kräfte. Un nu sage ick mit die Louise Müllern: „Nehmen Sie ihr hin!" Aber ick sage det vergnügter. Womit ick die Ehre habe. (Ab durch die Mitte.)

10. Scene.

Kurt. Anna. Adelheid. (Gleich darauf) **Frau Bärnstatt** (und) **Josef.**

Anna (zu Adelheid). Er schwatzt so viel, Sie müssen ihm nicht böse sein. Es ist nur die Freude.

Kurt. Jeder auf seine Art. Ich denke, er meint es aufrichtig, und das ist die Hauptsache. (Zu Adelheid, ihr freundlich den Arm um die Schultern legend.) Was heißt denn das? Mein liebes Schwesterchen macht ja ein so ernstes Gesicht.

Adelheid. Es ist heute auch ein ernster Tag, Kurt.

Josef (durch die Mitte, meldend). Frau Regierungsrath Bärnstatt. Und die Fräuleins von Wesselbüren werden auch gleich da sein, sie sind nach oben gegangen, den alten Herrn Baron herunter zu holen.

Kurt. Nun kann's hübsch werden!

Josef. Und die Herren im Rauchzimmer lassen auch nach dem Herrn Baron fragen.

Kurt. Die Wölfe! Die habe ich ganz vergessen! (Zu Josef.) Sagen Sie, ich komme gleich hinüber, und lassen Sie die gnädige Frau eintreten.

Josef (öffnet die Thür für Frau Bärnstatt, dann ab. Während dieser Scene beginnt es zu dämmern).

Fr. Bärnstatt (auf Kurt zu). Ja, lieber Baron, ist es denn wahr, was man mir heute Mittag erzählt hat? Sie haben sich verlobt?

Kurt. Das Gerücht ist wie gewöhnlich den Thatsachen um eine Pferdelänge voraus. Ich habe mich verlobt, aber erst in dieser Stunde.

Fr. Bärnstatt. Also ist es wahr! Sie wollen wirklich unsere Gesellschaft erfreuen durch solch' eine kleine, pikante, reizende Mesalliance! Das ist ja entzückend.

Kurt. Allerdings. Ich habe die Ehre, Ihnen meine Braut vorzustellen: Fräulein Anna Müllenthien.

Fr. Bärnstatt (die Annas Verbeugung mit einem leichten Nicken erwiedert). Meinen Glückwunsch. Eigentlich gratulire ich zu Verlobungen noch weniger, als zu Geburtstagen, aber dieser Fall ist wirklich amüsant. Das ist doch einmal etwas Außergewöhnliches, — das regt an, ach, und ich bedarf so sehr der Anregung! (Zu Adelheid.) Und Sie, Fräulein Adelheid, was sagen Sie denn zu dieser reizenden Verlobung?

Adelheid. Ich hoffe, daß Kurt das Rechte getroffen hat und daß er glücklich wird.

Kurt. So sprichst Du, wie meine liebe, gute, treue Adelheid. Und nun wirst Du Dich meiner kleinen Braut recht hübsch annehmen, nicht wahr? Ich muß eine Viertelstunde hinüber zu meinen Wölfen und ich glaube, auch hier

Als Manuscript gedruckt.

wird es bald nicht an Wölfen fehlen. Die Tanten kommen mit dem alten Großonkel. (Zu Anna.) Kopf hoch, Anna, Kourage!

Anna. Ich habe keine Furcht.

Adelheid. Da kommt schon der Onkel.

·11. Scene.

Vorige. Baron Wilhelm von Wesselbüren (geführt von) **Kunigunde** (und) **Eulalie von Wesselbüren.**

Josef (öffnet ihnen die Mittelthür, geht dann ab, um gleich darauf mit Lampen wiederzukommen, die er auf die Tische setzt. Er schließt die Vorhänge und geht wieder ab).

Wilhelm (ein etwa achtzig Jahre alter, etwas lahmer Herr, spricht stammelnd und sich wiederholend. Zu den Tanten, die ihn zu einem Sessel geleiten, wo sie ihn vorsichtig niederlassen). Langsam, — langsam. Au, mein Bein!

Kunigunde (zu den Anwesenden, Anna auffällig ignorierend). Guten Abend.

Adelheid. Guten Abend.

Kurt (ironisch). Guten Abend, meine lieben, hochverehrten Tanten.

Fr. Bärnstatt (verbeugt sich stumm).

Adelheid (ist dem alten Baron behülflich). Wie geht Dir's Onkel? Ist Dir die Treppe nicht sauer geworden?

Wilhelm. Sehr sauer, — sehr sauer. Aber die Pflicht ruft, und wenn die Pflicht ruft, — ja, wenn die Pflicht ruft, — ja, wenn die Pflicht ruft, — ja, ja, Kunigunde, was wollte ich eigentlich sagen?

Kunigunde. Vermuthlich, daß ein Wesselbüren immer am Platze ist, wenn die Pflicht ruft.

Adelheid (Frau Bärnstatt vorstellend, die sich verbeugt). Du kennst Frau Regierungsrath Bärnstatt, Onkel?

Wilhelm. Bärnstatt, — von Bärnstatt, nicht wahr? Habe einen von Bärnstatt gekannt, der hatte eine — eine, — ja, was für eine hatte er denn zur Frau?

Fr. Bärnstatt. Ich weiß nicht, wen Sie meinen?

Wilhelm. Eine, — na — eine, na, jedenfalls hatte er eine zur Frau, das ist die Hauptsache.

Kunigunde. Wenn sie ebenbürtig war, gewiß.

Wilhelm. Selbstverständlich, selbstverständlich, wie sollte sie nicht ebenbürtig gewesen sein?

Eulalie (mit einem Blick auf Anna). Ebenbürtig, das ist allerdings das Entscheidende.

Kurt (mit Ironie). Natürlich. Ohne das giebt es keine Liebe, keine Ehe, kein Glück! Darum läufst Du ja auch immer noch ohne Mann herum, liebe Tante, obwohl Du schon seit einigen Jährchen aus dem Schneider heraus bist. Denn der Mann, dem Du die erste Neigung Deines jungfräulichen Herzens geschenkt hast —

Eulalie. Ich verstehe Dich nicht.

Kurt. Nein? Ah, dann will ich Dir eine kleine Geschichte erzählen. In meiner Dienstzeit lernte ich einen Sergeanten kennen, — er nannte sich Schröder, in Wahrheit hieß er von Brockhoff. (Eulalie erschrickt und wendet sich ab.) Er hatte Offizier werden wollen, war auf Kriegsschule gewesen, aber die Liebe hatte ihn toll gemacht. Einem hübschen, damals hübschen Mädchen zu Liebe war er über die Zeit ausgeblieben, einmal, zweimal, dreimal, war Nachts aus dem Fenster geklettert, um vor ihrem Hause zu schmachten. Man hatte ihn verwarnt, ihm Arrest gegeben, schließlich hat man ihn geschwenkt. Sein Vater war gestorben, er hatte kein Geld, um zu studieren, so ist er Unteroffizier geworden. Seine Liebe aber hieß Eulalie von Wesselbüren.

Fr. Bärnstatt. Ah, das ist ja pikant!

Eulalie. Seine Indiskretion beweist, daß er auch mit der Seele Unteroffizier geworden ist.

Kurt. Zur Diskretion hast Du ihm durch Treue und Echtheit Deiner Liebe keinen Anlaß gegeben, wie mir scheint. Er war nicht mehr Deinesgleichen, er galt nicht mehr als ebenbürtig — so stießest Du ihn von Dir und kanntest ihn nicht mehr. Ihn, der sich um Deinetwillen ruinirt hatte! Ja, so liegt die Sache: für die guten Leute, mit denen wir leben müssen, entscheiden über unseren Werth nur die schwarzen oder bunten Stücke Tuch, womit wir unsere Glieder bedecken. Ah, es ist Zeit, daß meine „Wölfe" kommen und aufräumen unter Euch!

Wilhelm. Wölfe — Wölfe, — was ist — ist denn das wieder für ein Unsinn?

Als Manuscript gedruckt.

Kunigunde. Kurt hat die Geschmacklosigkeit gehabt, eine Art von Klub zu bilden, dessen Mitglieder sich mit diesem albernen Thiernamen bezeichnen.

Wilhelm. Unsinn, — das ist ja Unsinn!

Kurt. Doch nicht so ganz, lieber Onkel. Und obwohl ich hinüber muß zu meinen Freunden, die diesen „albernen Thiernamen" tragen, so viel Zeit nehme ich mir noch, ihn Euch zu erklären. Den Menschen ward die Erde bestimmt, aber die Leute haben sie erobert, diese große Heerde von Heerdenvieh, — ich spreche nicht aus, wozu Ihr gehört. Die müssen ausgerottet werden, damit die Menschen wieder Platz finden zu natürlichem Dasein. Jene müssen fort, — an ihnen ist nichts gelegen, sie können nicht denken, nicht fühlen, sie kennen kein Mitleid und kein Ideal. Sie nennen sich Menschen und sind nur die Karrikaturen von solchen. Zurück zur Natur! Vor hundert Jahren hat man es gerufen, heute ruft man es wieder!

Wilhelm. Gewäsch, — das ist ja ganz unstandes= gemäßes Gewäsch.

Kurt. Meine Wölfe aber sollen Raum schaffen für die Menschen, das ist ihre Aufgabe. Wolfsgleich sollen sie hinein= brechen in die große Heerde und wackere Schläge austheilen mit den Waffen der Wahrheit. Die Lüge, die Scheinheiligkeit, das Vorurtheil, die Selbstsucht sollen sie zerreißen, Platz machen für natürliche Menschen, die natürlich empfinden. Hütet Euch, daß Sie nicht merken, wie es aussieht in Euch! Und vor allem hütet Euch (auf Anna deutend), die Kleine, die dort unter Euch steht, mit Eurem Hochmuth, Euren Vorurtheilen, Eurem Standesdünkel zu quälen, sonst kommen meine Wölfe über Euch und ihnen voran ich selbst! (Rasch ab nach rechts.)

12. Scene.

Vorige. (Ohne) Kurt.

Wilhelm. Das sind ja fabelhafte — gerade — geradezu fabelhafte Reden!

Kunigunde. So spricht er häufig.

Eulalie. Es ist abominable!

Kunigunde. Nun, er ist ja glücklich fort, also zur Sache. (Sie setzen sich, ohne Anna aufzufordern.)

Adelheid (es bemerkend). Kommen Sie, Anna, setzen Sie sich zu mir. (Sie setzen sich gleichfalls, etwas entfernt von den Uebrigen.)

Fr. Bärnstatt. Das sieht ja aus, wie ein Familienrath, da können Sie mich wohl nicht gebrauchen?

Kunigunde. Bitte, bleiben Sie, wir haben die Oeffentlichkeit nicht zu scheuen. (Frau Bärnstatt setzt sich gleichfalls.)

Wilhelm (Anna anschauend, mit seinem Stock auf sie zeigend). Ist das das Geschöpf?

Kunigunde. Das sich in unsere Familie eindrängen will, jawohl.

Adelheid. Ihr wißt nur, was heute Morgen geschehen ist. Seitdem hat sich die Lage verändert, Anna ist Kurts erklärte Braut.

Kunigunde. Unsinn!

Eulalie. Wer's glaubt!

Wilhelm. Braut? Davon kann ja keine Rede sein, kann keine Rede sein. Man muß es nur klar machen, dem Geschöpf nur klar machen.

Fr. Bärnstatt. Wenn nur das Begriffsvermögen der Kleinen ausreicht.

Wilhelm. Lassen Sie mich nur machen. Klar machen, eine Sache klar machen, das war immer meine, — ja meine, — meine — Kunigunde, wie sagt man das doch?

Kunigunde. Specialität vielleicht?

Wilhelm. Specialität, jawohl, meine Specialität. (Zu Anna.) Kommen Sie einmal her.

Anna. Ich verstehe Sie von hier aus recht gut, Herr Baron.

Kunigunde. Frechheit!

Eulalie. Unerhörte Frechheit!

Wilhelm. Sie ist ungebildet, sie ist furchtbar ungebildet. Sagen Sie einmal, Kind, wissen Sie auch, was Sie thun?

Anna. Oh ja, recht gut.

Wilhelm. Ich sage Ihnen, Sie wissen es nicht, ich sage Ihnen das. Sie wollen meinen Großneffen heirathen, haben Sie schon einmal gehört, daß eine, — eine Ente einen Schwan geheirathet hat?

Anna. Nein. Aber ich habe einen alten Maulesel gekannt, dessen Vater war ein Pferd, und seine Mutter eine Eselin.

Als Manuscript gedruckt.

Wilhelm (zu den Uebrigen, auf die Stirn deutend): Sie ist schwach, sehr schwach ist sie. Wie gehört denn ein Maulesel hierher?

Anna. Ich finde auch, er hätte zu Haus bleiben können. Aber da Sie von Enten und Schwänen reden, — ich habe einmal ein Märchen gelesen von einer kleinen, grauen Ente; die wurde mißhandelt und verfolgt von allen Schwänen, unter die sie gerathen war, — zuletzt aber wurde sie selbst zum Schwan, und alle die Anderen mußten sich vor ihr beugen, sogar die allerältesten Schwäne.

Wilhelm. Das ist ein Märchen, ein ganz albernes Märchen. Na, also nun zur Sache. Sagen Sie, was fordern Sie denn?

Anna. Fordern?

Wilhelm. In Geld, verstehen Sie, in Geld. Was Sie fordern, wenn Sie zurücktreten von dieser Verlobungs= — Verlobungskomödie.

Adelheid. Onkel, Du beleidigst sie!

Wilhelm. Ruhe, Kind. Solch' eine Person aus der, — ja, wie sagt man denn? — aus der Plebs, die kann man ja gar nicht beleidigen.

Fr. Bärnstatt (für sich). Ah, die Sache wird ja reizend!

Wilhelm. Also, — also, was fordern Sie?

Anna (aufspringend, die Uebrigen, mit Ausnahme des alten Barons, stehen gleichfalls auf). Jetzt habe ich es satt. Ich habe mir viel gefallen lassen, aber nun ist es genug. Und jetzt will ich's Ihnen sagen. Jetzt werde ich ihn erst recht fest halten. Geld wollen Sie mir bieten, damit ich ihn freigebe? Das mag bei Ihnen Sitte sein, ein gegebenes Wort abzukaufen, bei mir giebt es das nicht. Mein Wort ist mein Wort, und ein so gutes, ehrliches Wort, wie das des Herrn X. Y., der schon von Adam's Großsohn geadelt wurde. Jawohl, sehen Sie mich nur an! Und wundern Sie sich, daß ich den Mund aufzuthun wage unter so vornehmen Leuten! Ich fürchte mich nicht, ich bin ein Mensch so gut wie Sie, mag mein Blut auch roth sein und Ihres blau; und wenn Sie mir mein gutes Recht nehmen wollen, dann wehre ich mich und vertheidige mich mit allen meinen Kräften.

Wilhelm   Ich bin starr!
Kunigunde   Schauderhaft!
Eulalie   (zugleich). Entsetzlich.
Fr. Bärnstatt Die Kleine hat Schneid!
Adelheid   Brav, Anna!

Anna. Nun wissen Sie's, und nun will ich Sie nicht länger belästigen. Ich werde meinen Verlobten in angenehmerer Gesellschaft erwarten, — nämlich mit mir allein (Verbeugt sich kurz und eilt ab nach links).

13. Scene.

Vorige (ohne) **Anna.**

Wilhelm. Solch' ein plebejisches Geschöpf! Solch' eine — eine — mir fehlen die standesgemäßen Ausdrücke für solch' eine Person!

Kunigunde. Und das will eine Wesselbüren werden!

Wilhelm. Helft mir, — helft mir auf! (Sie unterstützen ihn beim Aufstehen.) Ich will — vorsichtig, au, mein Bein! — ich will den Staub hier von meinen, — meinen Füßen schütteln. Bringt mich fort, bringt mich nach oben.

Kunigunde. Komm — Onkel.

Eulalie. Stütz' Dich auf mich.

Wilhelm (zu Adelheid). Und Du, sag' dem Kurt, — sag' ihm, — ja, sag' ihm Alles, was ich hier gesagt habe. Das wird genügen.

Kunigunde. Und von uns richte ihm aus, daß seine Tanten noch heute eine Aenderung ihres Testamentes vornehmen werden.

Eulalie. Heute im Tage, jawohl.

Fr. Bärnstatt (gleichfalls zu Adelheid). Adieu, Fräulein Adelheid. Eine freundliche Empfehlung dem glücklichen Bräutigam.

Kunigunde und Eulalie führen Wilhelm durch die Mittelthür hinaus, Frau Bärnstatt folgt ihnen.)

14. Scene.

Adelheid. (Gleich darauf) **Kurt.**

Adelheid. Gott sei Dank, daß sie fort sind!

Kurt (von rechts). Allein, Adelheid?

Als Manuscript gedruckt.

Adelheid. Sie sind Alle fort, und Alle in höchster Empörung.

Kurt. Diese Völker, oh, diese Völker! Und Anna?

Adelheid (nach links deutend). Sie ist dort. Sie hat ihnen die Wahrheit gesagt und ist hinaus gelaufen.

Kurt. Die Wahrheit?

Adelheid. Und das gründlich.

Kurt. Laß uns zu ihr. Komm.

15. Scene.

Vorige. Josef.

Josef (durch die Mitte, meldend). Es ist ein Sergeant draußen von den Ulanen.

Adelheid. Sollte das Annas Verwandter sein, von dem sie sprach?

Kurt (zu Josef). Der Name?

Josef. Bodenstein, — oder so etwas.

Kurt. Lassen Sie eintreten.

Josef (ab).

Adelheid. Ich gehe zu Anna hinein.

Kurt. Und sag' ihr einen Gruß von mir.

Adelheid (ab nach links).

16. Scene.

Kurt. Bodenstein. (Später) Anna.

Bodenstein (tritt durch die Mittelthür ein, die Josef ihm öffnet. Er bleibt an der Thür in militärischer Haltung stehen).

Kurt (auf ihn zugehend). Sie wünschten mich zu sprechen?

Bodenstein (sich vorstellend). Sergeant Bodenstein.

Kurt (ebenso). von Wesselbüren. Was führt Sie zu mir?

Bodenstein. Sie müssen wissen, ich bin ein Verwandter von der Anna Müllenthien.

Kurt. Also der Hans, nicht wahr?

Bodenstein. Das ist meine Name.

Kurt (freundlich, auf zwei Sessel links deutend). Kommen Sie her, setzen Sie sich.

Bodenstein (einfach, natürlich, liebenswürdig). Ich bin so frei. (Sie setzen sich.) Entschuldigen Sie nur, Herr Baron, daß ich überhaupt hergekommen bin, aber gerade drauf losgehen, das lernt man ja beim Militär, — und so bin ich hergekommen, ein einfacher Sergeant zu solch' einem großen Herrn.

Kurt. Sagen Sie, der Mensch zum Menschen, und reden Sie auch so.

Bodenstein. Ja, Herr Baron, anders bringe ich es auch nicht fertig. Viel Worte kann ich nicht machen. Und darum nehmen Sie es nicht für ungut, wenn ich Sie geradezu frage: ist es wahr, daß Sie die Anna Müllenthien heirathen wollen?

Kurt. Haben Sie ein Recht, diese Frage zu thun?

Bodenstein. Ein Recht?

Anna (erscheint von Zeit zu Zeit horchend an der Thür links).

Kurt. Haben Sie Anna gern?

Bodenstein. Wenn es gesagt sein muß: Ja. Nun ist's heraus, und leicht ist mir's nicht geworden, aber auf dem Weg hierher habe ich mir's selber zudiktiert als Strafe, daß ich es nun endlich sagen wollte, weil ich solange den Mund nicht aufgethan habe, bis es zu spät geworden ist. Und nun könnten Sie mir's wohl sagen, Herr Baron, ob Sie heute früh nur einen Scherz gemacht haben mit Anna, oder nicht?

Kurt. Wir sind verlobt, allerdings erst seit dieser Stunde. Anna hat mir ihr Jawort gegeben.

Bodenstein (ihm die Hand hinhaltend). Nun, Herr Baron, dann wünsche ich Ihnen Glück von ganzem Herzen.

Kurt. Ist es Ihnen Ernst mit Ihrem Glückwunsch?

Bodenstein. Was ich sage, das meine ich auch. Und wenn man Einen gern hat, nicht wahr, dann fragt man doch zuerst danach, wie es am besten ist für ihn, und denkt nicht an die eigene Person.

Kurt. Wenn alle Menschen so dächten, wäre die Welt anders, als sie ist, anders und besser. Aber wenn Sie Anna gut waren, wie kam es, daß Sie so lange schwiegen?

Bodenstein. Ja, wissen Sie, ich wollte es nicht machen, wie so Mancher beim Militair, der sich eine Braut anschafft, ehe er ihr eine Versorgung bieten kann. Erst wollte ich meine Zeit abreißen, und wenn ich dann eine gute Stelle hatte, dann wollte ich Anna fragen. Ich dachte, sie würde schon auf mich warten, — ich bin da wohl ein wenig zu eitel gewesen. Na,

Als Manuscript gedruckt.

sie hat ja nun ihr Glück gefunden, und solch' eine Versorgung hätte ich ihr ja niemals bieten können.

Kurt (steht auf, tritt zu ihm, legt ihm die Hand auf die Schulter, freundlich). Es thut mir leid, wenn ich Ihnen Kummer bereite.

Bodenstein. Nun, Kummer gehört auch zum Leben, das geht vorüber. (Steht auf.) Ohne ernste Worte giebt's keine guten Soldaten und ohne ernste Stunden keine guten Menschen.

Kurt. Sie werden es überwinden!

Bodenstein. Freilich! Man kann Alles überwinden. Das ist Sache der Disciplin.

Kurt. Die lernt man beim Militär.

Bodenstein. Und ich habe sie schon zu Hause gelernt vom Vater. Wir waren unser neun Kinder, und er war streng! Wenn ich mir ein einziges Mal einen Rausch getrunken hätte, er wäre zu mir gekommen und hätte gesagt: „Schnür' Dein Bündel, mach', daß Du fortkommst, ich will Dich nicht mehr sehen."

Kurt. Das wäre hart gewesen.

Bodenstein. Oh nein, das bekommt gut. Sie glauben nicht, wie wir zusammenhalten zu Haus, — und das hat auch wohl mitgespielt, daß ich mich hier noch nicht gebunden habe. Wenn ich hier eine Braut gehabt hätte und glücklich gewesen wäre noch so sehr, und sie hätten mir geschrieben: „Der Vater oder die Mutter ist gestorben, Du mußt heimkommen und für die Geschwister arbeiten," ich wäre gegangen und hätte Alles zurückgelassen.

Kurt. Und hätten sich unglücklich gemacht für Lebenszeit?

Bodenstein. Nun, so ist's nicht gemeint. Zufrieden kann man immer sein, wenn man Arbeit hat und gesund ist.

Kurt. Geben Sie mir Ihre Hand, wir müssen Freunde werden!

Bodenstein (lächelnd). Das wird sich kaum passen, Herr Baron.

Kurt. Es wird sich passen, Sie werden mich kennen lernen. Und auch ein nettes Mädchen wird sich noch finden für Sie.

Bodenstein. Mädchen genug zum Poussieren und dergleichen. Aber ernsthaft wird's jetzt nicht mehr, damit ist es vorbei.

Kurt. Lassen Sie den Kopf nicht hängen.

Bodenstein. Oh nein, das giebt's nicht. Um eines Mädchens willen verliert ein preußischer Unteroffizier noch nicht den Muth. Er hat genug, wofür er leben kann. Und wenn für Unsereinen vorläufig auch noch keine Aussicht ist, sich todtschlagen zu lassen für's Vaterland, anständig leben für's Vaterland und nach Kräften seine Schuldigkeit thun, das kann man immer.

Anna (die gespannt zugehorcht hat und allmälich ein wenig weiter vorgekommen ist, eilt jetzt auf Bodenstein zu; zwischen Lachen und Weinen). Nein, Hans, jetzt kann ich den Unsinn nicht länger mit anhören, den Du schwatzest.

Bodenstein. Anna!

Anna (ohne Unterbrechung). Und daß Du von Todtschlagenlassen sprichst, und daß Du mich gern hast und gern gehabt hast schon lange — dafür sollte man Dir böse sein so recht von Herzen, aber es will nicht, es geht nicht, — und deshalb gieb mir Deine Hand, Du Schlingel, und nun thue ich, was ich noch niemals gethan habe, — da hast Du einen Kuß! (Fällt ihm um den Hals und küßt ihn.)

Bodenstein (verlegen, glücklich). Anna, was machst Du für Geschichten?

Anna (macht sich von Bodenstein los und wendet sich zu Kurt). Ja, das mußt Du mir schon erlauben, dafür nenne ich Dich nun auch Du, (mit den Thränen kämpfend) und da hast Du auch einen. (Sie küßt Kurt gleichfalls.) Aber nun laßt mich in Frieden, ich will nichts mehr hören von Euch und nichts mehr sehen, — und damit ist es abgemacht und gut. (Sie bricht in Thränen aus, wirft sich in einen Sessel und verbirgt das Gesicht in den Händen.)

Kurt. Was bedeutet das? Ja, was bedeutet das?

Bodenstein (zugleich mit ihm). Du weinst ja! Anna! Das sollst Du nicht, — niemals! (Zu Kurt, ihm die Hand hinhaltend, in die dieser, noch etwas betreten, einschlägt. Sehr herzlich.) Herr Baron, sehen Sie zu, daß sie glücklich wird!

(Vorhang fällt.)

Dritter Akt.

(Einfaches Zimmer bei Müllenthien's. In der Rückwand eine Thür, ebenso in der linken Seitenwand. Neben dieser Thür nach hinten zu ein Sopha mit Tisch und Stühlen davor, neben der Thür nach vorn ein Tisch mit allerlei billigen Nippsachen und einem verschließbaren Kasten. Ueber dem Sopha ein Spiegel, neben demselben zahlreiche eingerahmte Photographieen. Ueber dem Tisch ein größeres, farbiges Bild, eine Ballettänzerin in Kostüm darstellend, um dasselbe gruppiert mehrere vertrocknete Lorbeerkränze mit vergilbten Schleifen. Rechts in der Mitte der Seitenwand ein Fenster, neben demselben nach vorn ein Schreibtisch mit Papieren ꝛc. Auf demselben steht ein Aufsatz mit vielen kleinen Fächern, die mit den Buchstaben des Alphabets bezeichnet sind. Darin liegen Briefe, Photographien ꝛc. Vor dem Fenster ein kleiner, runder Tisch, mit zwei Sesseln daneben, die ebenso wie die Decke auf diesem Tisch kostbarer sind, als die übrige Zimmereinrichtung. Auf dem Tische liegen mehrere große Photographiealbums. An der Rückwand neben der Thür eine Kommode, auch dort Bilder an der Wand. In der Mitte der Bühne steht ein größerer Tisch, zum Frühstück gedeckt, fünf Stühle umher.)

1. Scene.

Frau Müllenthien. Klara.

Fr. Müllenthien (eine dicke, ordinäre Frau, bunt und geschmacklos aufgeputzt, ist eifrig mit den Vorbereitungen zum Frühstück beschäftigt. Sie rollt einen der unter dem Fenster stehenden Sessel heran und stellt ihn rechts an die Schmalseite des Frühstückstisches). So, daher kommen die Jeschäftsstühle, die sind für's Brautpaar. Du, bring' 'mal den anderen 'ran.

Klara (12 Jahre alt, gleichfalls geschmacklos aufgeputzt, gehorcht; Frau Müllenthien schiebt den Sessel neben den anderen, so daß er rechts von diesem an der Breitseite des Tisches steht). Du, Mutter, warum nennt Ihr die immer die Jeschäftsstühle?

Fr. Müllenthien. Weil dadruff die Leute sitzen, mit die wir wegen Heirathsvermitt'lung Jeschäfte machen. (Sucht auf dem Tische.) Wo is denn nu wieder der Proppenzieher?

Klara. Ick jloobe, den hat Aujust in die Tasche.

Fr. Müllenthien. Der soll mir kommen. So'n Range!

Klara. Laß man, Mutter. Er hat vorhin man blos 'mal dran jerochen von wegen dem Wein. Den jiebt's doch nich alle Tage.

Fr. Müllenthien. Stühle soll er holen. Wo bleibt der Bengel?

Klara. Da is er.

2. Scene.

Vorige. August (durch die hintere Thür).

Fr. Müllenthien (auf August zu). Wo treibst Du Dir herum? Wo hast Du den Proppenzieher? Was sagt die Schulzen?

August (10 Jahre alt; er setzt zwei Stühle an den Frühstückstisch, die er mit hereingebracht hat, zieht dann den Korkzieher hervor). Schön jrüßen läßt sie, un eejentlich wollte sie ihnen nich jeben. Wenn man keene Stühle hätte, sollte man keene Jesellschaft nich jeben, sagt sie, — un da is ooch der Proppenzieher.

Fr. Müllenthien. Hat sie jesagt?

August. Hat sie jesagt. Und sie hätte Bange, daß sie ihnen nich wiederkriegte, wegen die Jeschichte mit die Wurscht.

Fr. Müllenthien. Nee, so wat! 'n Stuhl un 'ne Wurscht, det is doch 'n Unterschied.

3. Scene.

Vorige. Frieda.

Frieda (14 Jahre alt, kommt langsam von links hereingeschlendert). Na, nu kann der Zauber woll bald losjehen?

Fr. Müllenthien. Solltest ooch lieber Deine Mutter helfen, statt Dir so 'rum zu drücken.

Frieda. Ick habe heute Abend 'ne jroße Rolle, da muß ick mir schonen.

Fr. Müllenthien. 'N Hampelmänneken zu tanzen hinten in die letzte Reihe, det nennst Du 'ne große Rolle? Da hättest Du mir 'mal sehen sollen in meine Blüthe.

Frieda. Dazu bin ick zu spät jekommen.

Fr. Müllenthien. Weeßt Du ooch noch, wat Du sagen sollst, wenn der Baron kommt?

Frieda. Na, ick werde mir doch nich blamiren.

Als Manuscript gedruckt.

4. Scene.

Vorige. Karl. (Gleich darauf ein) **Conditorbote.**

Karl (8 Jahre alt, kommt durch die hintere Thür eilig hereingestürzt). Mutter, Mutter, es kommt 'n Mann mit so 'ne jroße Torte!

Fr. Müllenthien. Na nu? Davon weeß ick ja nischt.
(Conditorbote kommt durch die hintere Thür mit einer Torte.)

Bote. Da schickt Herr Mennel die Torte. Herr Müllenthien hat ihr bestellt, un det Jeld würde ick hier kriejen.

Fr. Müllenthien (für sich). So'n Filuh! (Laut.) Jeld, — ja, lieber Freund, — nich als ob ick keen's hätte, aber man entblößt sich doch nich jern so von Allens.

Bote (mit einem Blick auf sie). Nee, det wäre ooch nich sehr ergötzlich.

Fr. Müllenthien. Wenn man so'n Frühstückstisch hat, denn muß man doch Jeld haben? Sehen Sie man blos die Weinflaschen.

Bote. Det is woll Chateau Lüneburger Haide?

Fr. Müllenthien. Bitte, die Etiquetten (spricht die Fremdworte so, wie sie geschrieben werden) kommen noch 'ran. Na, warten Sie 'mal. (Sie beginnt in der Tasche zu suchen, zieht dabei einen Zettel aus der Tasche, der zu Boden fällt.)

Bote (hebt den Zettel auf, liest ihn). 'N Zettel von's Leihhaus über zwei versetzte Oberbetten. Na, denn verkälten Sie sich nächste Nacht man nich, — aber meine Torte will ick lieber wieder mitnehmen.

August (weinend). Mutter, er will die Torte wieder mitnehmen!

5. Scene.

Vorige. Müllenthien (tritt hinten ein in Hut und Ueberrock).

Müllenthien. Na, wat is denn hier los?

Fr. Müllenthien. Der unjebildete Mensch will Jeld für die Torte haben. Als ob wir ihm nich jut dafür wären.

Müllenthien (großartig, beginnt in seinen Taschen zu suchen). Warten Sie, Freundchen, — warten Sie — (findet endlich ein Dreimarkstück in seiner Westentasche). So, da haben Sie drei Mark.

Bote. Die Torte kostet aber drei Mark fünfzig.

Müllenthien. Na, denn rechnen Sie die fünfzig Pfennige für sich als Trinkgeld. Wollen Sie 'n Jlas Wein?

Bote. Von dem Chateau? Nee, ick danke. Aber Herrn Mennel werde ick vor Ihnen warnen. (Ab nach hinten.)

6. Scene.

Müllenthien. Frau Müllenthien. Die Kinder.

Fr. Müllenthien. So'n jesinnungsloser Mensch! (Stellt die Torte in die Mitte des Frühstückstisches.) Ueber unsern Wein ooch noch zu sticheln! Als ob der nich jut wäre.

Müllenthien. Laß den Kerl loofen, der versteht nischt von so wat. (Nimmt eine Flasche vom Tische.) Fünfzig Pfennige die Flasche. Den trinkt der noch lange nich. Da sind ooch die Zettels. (Er zieht ein Paquet Etiquetten hervor und legt sie auf den Tisch.) Un nu 'raus mit die Jören!

Fr. Müllenthien. Hört Ihr nich? 'Raus sollt Ihr.

Die Kinder (gehen widerstrebend zur Thür links).

Müllenthien. Aujust, Du kannst hier bleiben un an die Zettels lecken, die uff die Flaschen kommen. Ihr Anderen 'raus!

(Die Kinder mit Ausnahme von August ab nach links.)

7. Scene.

Müllenthien. Frau Müllenthien. August.

Fr. Müllenthien. Welche Etiquetten sollen denn dran?

Müllenthien. Verschiedene natürlich. Da is 'ne leichte Sorte für'n Anfang. (Giebt ihr ein paar Etiquetten.)

Fr. Müllenthien. Sankt Julchen! Den habe ick ooch immer jerne jetrunken. (Zu August.) Da, Aujust, thu' sie 'ran. (Giebt ihm ein paar Flaschen und Etiquetten.)

August. Ja, Mutter. (Klebt die Etiquetten, nachdem er sie gehörig beleckt hat, an die Flaschen.)

Fr. Müllenthien (zieht einige Weinflaschen auf und vertheilt sie auf dem Tische). Du, mit die Etiquetten, det is doch eejentlich Mogelei. Det collisionirt doch nich mit det Strafjesetz?

Müllenthien. Ach, det kommt in die besten Familien vor. Neulich beim Hauptmann unten, wie sie den jroßen

Als Manuscript gedruckt.

Kommißpekko jehabt haben, da haben sie's jerade so jemacht. Det hat mir der Bursche erzählt.

Fr. Müllenthien. Na, denn is die Sache ja jewissermaßen jeadelt. Soll ick von diesen Margaux nehmen? (Spricht, wie das Wort geschrieben ist.)

Müllenthien. Jawoll. Un denn noch von diesen hier.

Fr. Müllenthien (nimmt die Etiquetten und giebt sie an August). Is jut. Aujust, hier!

August. Jawoll, Mutter.

Müllenthien. Hast Du ooch die Brauselimonade in die Sektflasche jejossen?

Fr. Müllenthien. Nee, det habe ick verjessen.

Müllenthien. Du, det müssen wir aber noch machen. Det is die Hauptsache. Det kommt zur Jesundheit uff's Brautpaar.

Fr. Müllenthien. Ick will's jleich besorjen.

Müllenthien (sich zum Schreibtisch wendend). Sag' mal, is nischt Jeschäftliches jekommen?

Fr. Müllenthien (geht ebenfalls zum Schreibtisch). Nur ein Brief mit reelle Absichten. Die anderen kannst Du bis morjen lassen. Hier is er. (Giebt ihm einen Brief.)

Müllenthien. Männlich oder weiblich?

Fr. Müllenthien. Weiblich. Aber Eene, die 'n bisken Draht hat. Die bringen wir schon an.

Müllenthien. Ja, wenn wir man blos immer Männer jenug für die Mächens hätten. Det schwächere Jeschlecht zwingt's durch die Menge. Wat schreibt sie denn?

Fr. Müllenthien. Lies man.

Müllenthien (liest). „Herrn Müllenthien, Heirathsbüreau. Ohne Umstände. Ick habe mir 1500 Mark jespart, haben Sie Eenen uff Lager mit 3000, denn macht det 4500, un ick nehme ihn. Liebe is Unsinn, Jeschäft is Jeschäft. Ick spreche Sonntag Mittag bei Sie vor. Mit schuldige Hochachtung Auguste Becker. Zur Zeit noch weiße Sklavin in die Familie Schultze, Zimmerstraße 11." Du, det scheint 'n forsches Frauenzimmer.

Fr. Müllenthien. Det scheint so.

Müllenthien. Wenn sie uns man blos nich in's Frühstück regnet! Ob die nu jerade zu 'n Baron passen würde, det is mir zweifelhaft. Un Bärnstatt will ooch jerade heute kommen.

Fr. Müllenthien. Bärnstatt?

Müllenthien. Jawoll, er will sich die Briefe holen. Kannst sie mir jleich jeben.

Fr. Müllenthien (geht zum Kasten auf dem Tische links, schließt ihn mit einem Schlüssel auf, den sie an einem Bande um den Hals trägt, und holt ein Packet Briefe hervor). Die kannst Du haben. Hast schon Lärm jenug drüber jemacht.

Müllenthien. Ja, weißt Du, meine Jattenehre, die muß blank sein wie 'ne jeputzte Thürklinke.

8. Scene.

Vorige. Anna. Bodenstein (durch die Mitte).

Anna. Da bin ich. Und ich habe gleich noch Jemand mitgebracht. Er wollte nicht kommen, aber ich habe ihn gebeten, bis er nachgab. (Sie legt im Folgenden Hut und Mantel ab. Bodenstein behält Mütze und Säbel noch bei sich.)

Müllenthien (dem es sichtlich unangenehm ist, daß Bodenstein gekommen). So, er wollte nich? Na, juten Tag, Bodenstein. Hast Du denn heute keenen Dienst?

Bodenstein. Nein, es ist ja Sonntag.

Müllenthien. Un zur Kirche brauchst Du ooch nich?

Bodenstein. Damit langt's noch vom vorigen Sonntag.

Müllenthien. Un Appel hast Du ooch nich?

Bodenstein. Ich bin Freiherr für den ganzen Tag.

Müllenthien. Na, wenn Du uns denn die Ehre jeben willst, denn wird uns det anjenehm sein.

Bodenstein (zaudernd). Wenn Du es wünschest.

Anna. Natürlich wünschen wir es. Du mußt bleiben, mir zu Liebe.

Bodenstein. Nun gut, ich bleibe. Aber einen Gang habe ich vorher noch.

Müllenthien (zu Frau Müllenthien). Du, wir müssen ja noch den Sekt kalt stellen.

Fr. Müllenthien. Ja freilich. Bist Du denn schon fertig mit die Toilette, Anna?

Anna. Ja, Mutter, ich bleibe so.

Als Manuscript gedruckt.

Müllenthien (zu seiner Frau). Na, denn komm her.

Fr. Müllenthien. Jawoll. Komm, Auguſt. (Sie nimmt Auguſt bei der Hand. Alle drei ab nach links.)

9. Scene.

Anna. Bodenſtein.

Anna (betrachtet den Frühſtückstiſch; ſie iſt gedrückt, ſpricht mit erwungener Heiterkeit). Die haben ſich ja gewaltig angeſtrengt.

Bodenſtein (in gleicher Stimmung). Nun, für ſolch' einen Tag.

Anna (mit einem leichten Seufzer). Ja, für ſolch' einen Tag. (Pauſe.) Es war eigentlich ſehr nett vom Baron, — von Kurt, daß er Dich geſtern gleich mit zu ſeinen „Wölfen" nahm.

Bodenſtein. Ja, ſtolz iſt er gar nicht.

Anna. Wie war's denn bei ihnen?

Bodenſtein. Sie haben hölliſch einen geſchmettert da drin in der Wolfsſchlucht und ein über das andere Mal Dich hoch leben laſſen — und ihn natürlich.

Anna. Und Du, biſt Du auch vergnügt geweſen?

Bodenſtein (ohne ihre Frage zu beachten). Sogar getanzt haben ſie zuletzt untereinander.

Anna. So, getanzt haben ſie? (Pauſe.) Ob wir beiden wohl noch einmal zuſammen tanzen?

Bodenſtein. Das hört nun auf.

Anna. Das wäre ſchade! Weißt Du noch das letzte Mal?

Bodenſtein. Ganz genau, freilich. Auf dem Spandauer Bock draußen. Da war es noch Sommer.

Anna. Ja, da war es noch Sommer.

Bodenſtein. Am 20. Juni war's.

Anna. Du weißt den Tag noch?

Bodenſtein. Ja, den weiß ich noch.

Anna. Die Roſen blühten gerade.

Bodenſtein. Ich pflückte eine für Dich, draußen im Garten.

Anna. Willſt Du ſie ſehen?

Bodenſtein. Die Roſe von damals?

Anna. Ja.

Bodenſtein. Die iſt ja lange verwelkt.

Anna. Verwelkt ist sie, aber sie ist doch noch da. (Geht zur Kommode und nimmt aus einer Schublade, die sie aufschließt, eine in Papier gewickelte, welke Rose.) Siehst Du?

Bodenstein. Du hast sie aufgehoben?

Anna (mit ausbrechender Empfindung). Ja, Hans, und an Dich dabei gedacht. Und gestern Abend, als ich hier allein war, da habe ich sie hervorgeholt und da (mit ausbrechenden Thränen, leidenschaftlich) — da habe ich gewußt, daß ich nicht hätte thun sollen, was ich gethan habe.

Bodenstein. Was redest Du? Das darfst Du nicht! Du hast Dein Wort gegeben, sein Wort muß man halten. Ich hätte Dir ja auch niemals bieten können, was der Baron Dir bietet.

10. Scene.

Vorige. Müllenthien (von links, von Jenen unbemerkt).

Bodenstein (fortfahrend). Und wenn es nach meinen Wünschen geht, dann wirst Du gewiß glücklich, so glücklich, wie —

Müllenthien (vortretend). Na, wie jlücklich wird sie denn?

Bodenstein (rasch gefaßt). Wie sie es verdient, Onkel.

Müllenthien. Det wollen wir hoffen. Du hattest noch 'n Jang, nich wahr?

Bodenstein. Ja, ja, ich gehe.

Müllenthien. Du, un wenn Du zurückkommst, denn sei so gut un sag' dem Restaurateur unten 'n schönen Jruß von mir, un ob er uns noch 'n Stuhl leihen wollte. Wenn Du wirklich mitfeiern willst, denn haben wir einen zu wenig. Kannst ihn Dir ja jleich mit ruffbringen.

Bodenstein (gezwungen lachend). So, hier muß der Reiter seinen Gaul gleich mitbringen? Na, ich will's besorgen. (Er wendet sich zum Gehen, an der hinteren Thür begegnet er Kurt.)

11. Scene.

Vorige. Kurt.

Kurt (zu Bodenstein). Guten Tag, Bodenstein. (Zu den Anderen.) Da bin ich, Anna, da bin ich, Schwiegerpapa. (Wieder zu Bodenstein.) Sie wollen uns doch nicht fortlaufen?

Als Manuscript gedruckt.

Bodenstein (der ihm die Hand gereicht hat). Ich habe nur noch einen Gang. Ich bin bald wieder hier.

Kurt. Auf Wiedersehen also!

Bodenstein. Auf Wiedersehen. (Ab durch die hintere Thür.)

12. Scene.

Müllenthien. Anna. Kurt.

Kurt (geht auf Anna zu, giebt ihr und Müllenthien die Hand. Er ist in sehr heiterer Stimmung). Das ist famos, daß der Hans mit uns feiern will. Das ist ein Mensch!

Anna. Du kommst ja zeitig.

Müllenthien. Wie sie roth wird! Wie sie jlücklich aussieht! Ja, ja: Brautstand, schöner Stand! „Ach, wenn et ewig jrünen bliebe, det schöne Jlück von die junge Liebe!"

Kurt (überreicht Anna ein Etui mit einem Schmuck). Hier, Anna, ein kleines Andenken an den heutigen Tag.

Anna (mit nur halber Freude). Das ist ja viel zu schön für mich.

Müllenthien. Laß' mal sehen. (Nimmt ihr den Schmuck aus der Hand.) Brillanten, Donnerwetter! Det is fein, det is jroßartig! Det muß Mutter sehen, die versteht sich uff Brillanten, — det heeßt, man hat ihr öfter so 'n Schmuck zu Füßen lejen wollen, wie sie noch bei's Ballet war, aber sie hat allens zurückjewiesen. (Eilt zur Thür links, öffnet sie halb, spricht hinein.) Du, Karoline, sieh' mal, wat wir jekriegt haben. Jroßartig, wat? Un schließ 'n jut weg. (Reicht den Schmuck in's Zimmer und kommt wieder nach vorn.)

Kurt (hat ihm mit einigem Erstaunen zugesehen, läßt sich aber den Humor nicht verderben). Papa Müllenthien, Gütergemeinschaft ist eine schöne Sache, aber der Schmuck war eigentlich für Ihre Tochter.

Müllenthien. Ick werde 'n ihr gut uffbewahren, dadruff können Sie sich verlassen. Sie sind wirklich zu jroßmüthig jejen uns arme Leute, Herr Baron Schwiegersohn, det können wir doch jar nich erwiedern. Nee, deß ick noch mal 'n Baron Schwiegersohn nennen würde, det habe ick mir nich träumen lassen, wie ick noch Hunde jeschoren habe.

Kurt (lachend, verblüfft). Was haben Sie gethan?

Müllenthien. Ja, wissen Sie, ick habe mir uff mancherlei Art un Weise durchschlagen müssen, ick habe in Poesie un in Prosa jearbeitet, un et is noch nich lange her, da hatte mir die Prosa unterjekriegt, — da habe ick Hunde jeschoren.

Kurt. Hunde?

Müllenthien. Jawoll. Noch vor vier Wochen, wenn Sie da unter die Linden jingen und bejegneten da so 'n kleenen Pudel, vorne weiß wie frischjefallener Schnee un hinten roth und nackicht, als hätt' er verjessen, sich die Hosen anzuziehen, da konnten Sie dreist 'ne Wette druff einjehen: Det is Müllenthien sein Werk. — Aber sympathisch war mir die Beschäftijung nich.

Kurt (lachend). Nein, sympathisch wäre sie mir auch gerade nicht.

Müllenthien. Nee, wissen Sie', ne enge Wohnung, un denn so allens durcheinander, die Kinder un die Hunde, un stubenrein sind sie ooch nich alle, — ick meine die Hunde, — nee, det is nich schön. Aber nu is det überwunden, nu hat mir die Poesie uff ihre Fittige jenommen.

Kurt (vertraulich, mit Humor). Machen Sie Gedichte, Schwiegerpapa?

Müllenthien (mit Stolz). Wenn Sie mir poetisch sehen wollen, denn müssen Sie in's Theater kommen. Da können Sie mir jeden Abend sehen un hören.

Kurt (lachend). Um Gotteswillen! Sie gehen doch nicht um als Geist von Hamlets Vater?

Müllenthien. Nee! Aber in die Seitenloge vom dritten Rang, da bin ick alle Tage zu finden.

Kurt (überrascht). Da sitzt ja die Klaque!

Müllenthien. Ach, det is so'n häßliches Fremdwort. Wenn wir uns da oben bejeistern, det is doch nur schön.

Kurt (betreten). Sie sind Klaqueur?

Müllenthien. Ja, wissen Sie, wenn ick wat Schönes höre oder sehe, denn muß ick mir bejeistern, un wenn ick mir bejeistere, denn zuckt et mir jleich in die Hände, un denn is et doch besser, ick klatsche, als deß ick haue, wat?

Kurt (zu Anna, die sich am Frühstückstische zu schaffen gemacht hat, jetzt aber wieder herangetreten ist). Anna, ist Dein Vater wirklich Klaqueur?

Anna (unschuldig). Das ist doch nichts Schlimmes?

Als Manuscript gedruckt.

Kurt (mit einiger Ueberwindung, sich zur Heiterkeit zwingend). Na — es muß ja auch (mit Geste) Handarbeit geben. (Zu Müllenthien.) Also davon leben Sie?

Müllenthien. Nee, davon nich alleene. Die Hauptsache is 'ne neue Jründung. Der Jedanke is von Karoline; „uff die Liebe muß man sein Jeschäft jründen," hat sie jesagt, un der Jedanke is jut. Haben Sie det Schild nich bemerkt vor die Thür?

Kurt (wieder heiter). Ich habe nicht darauf geachtet.

Müllenthien. „Büreau Fides" steht druff. Fides heißt die Treue, un wo wäre die Treue wohl besser anjebracht als in'n heilijen Ehestand?

Kurt. Der Himmel soll mich bewahren! Ihr „Büreau Fides" ist doch nicht etwa ein —

Müllenthien. Ein Heirathsbüreau, zu dienen. Die Leute jlücklich zu machen, det is doch'n schöner Beruf?

Kurt (zeigt, daß ihm Müllenthiens Wesen unbehaglich und lästig wird, zwingt sich aber zur Heiterkeit). Ich glaube, für meine Person würde ich das Hundescheeren vorziehen.

Müllenthien. Ach nee, 'n schöner Beruf is et! Un einträglich is er ooch. Heute is ja Sonntag, aber sonst is det hier oft wie'n Taubenschlag. Alle kommen sie 'rinjeflattert. Der Eine von Osten, die Andere von Westen, sie haben einander in's janze Leben nich jesehen, un ehe fünf Minuten in die Ewigkeit jerollt sind, da sind sie 'n jlückliches Brautpaar. Nee, det is zu schön!

13. Scene.

Vorige. Bodenstein (einen Stuhl tragend, durch die hintere Thür. Gleich darauf) **Frau Müllenthien.**

Bodenstein (zu Anna, die ihm entgegengeeilt ist). Da bin ich wieder, und hier ist auch mein Gaul, den ich mitbringen sollte.

Anna (auf ihn zueilend). Gut, daß Du da bist! Mir ist so, — ich weiß nicht wie!

Bodenstein (stellt den Stuhl an den Tisch und giebt ihr ein paar Rosen). Hier hast Du ein paar Rosen. Die sind nicht welk.

Anna. Ich danke Dir, Hans. (Befestigt die Rosen an ihrem Kleid.)

— 55 —

Fr. Müllenthien (steckt den Kopf durch die Thür links). Dürfen die Jören 'rinkommen? Sie sind nich mehr zu halten.

Müllenthien. Erst det schwere Jeschütz, denn die leichte Kavallerie. 'Rin mit Dir! Da steht der Baron Schwiegersohn.

Fr. Müllenthien (tritt ein, geht auf Kurt zu, macht einen tiefen Knix, spricht auswendig gelernt). Hochwohljeborener Herr Baron! Wenn ick mir die Freiheit herausnehme, Ihnen in unsere bescheidene Räume zu bejrüßen, so geschieht det unter die Macht der Verhältnisse, die in jeheimnißvollem Walten von die unerjründliche Zukunft so wunderbar jestaltet sind, un obwohl ick mir bewußt bin, daß die socialistischen Verhältnisse 'n Abjrund zwischen uns jejraben haben, doch von janzem Herzen. Wäre ick noch, die ick einstmals war, so könnte ick Sie entjejenflattern in die leichten Jewänder einer Korüfee von's Ballet, wie mir der Pinsel eines Meisters dort an die Wand versinnbildlicht hat, aber weil mir die Intriguen (spricht das Wort in vier Silben, mit dem Accent auf der dritten: In—tri—gu—en) bei's Theater auf die Magennerven fielen, habe ick mir in's Privatleben zurückjezogen. Un so kann ick Ihnen nur als janz bescheidene Mutter von meine Tochter zu ein janz bescheidenes Frühstück mit die Familje Müllenthien einladen.

Kurt (hat seinen Schrecken über ihre Erscheinung und ihr Wesen im Spiel, jedoch mit Humor, zum Ausdruck gebracht. Mit Ironie.) Verehrte Frau Müllenthien, mir ist das nun ebenso lieb, als wenn Sie noch (mit Geste) flatterten. Sie waren also beim Ballet?

Fr. Müllenthien. Jawohl, det Bild stellt mir uff die Spitze von meine Laufbahn vor. 'Ne recht lächerliche Miene soll ick machen, hat der Maler jesagt, darum is det ooch so freundlich. (Wendet sich zu Müllenthien, der den Frühstückstisch mustert.) Du, Aujust, bring' mir nur den Frühstückstisch nich in Unordnung. Heute muß Alles fein sein, jerade, als wenn wir schon mit unserm Baron Schwiegersohn zusammenwohnten.

Kurt (sehr erschreckt). Alle guten Geister! Sie sagten —

Fr. Müllenthien. Ick sprach man blos mit Aujusten wegen die Feinheit, die er sich nu anjewöhnen muß.

Kurt (mit humoristisch gefärbter Angst). Nein, Sie thaten noch eine andere liebenswürdige Aeußerung, — Sie sprachen vom Zusammenwohnen —

Fr. Müllenthien. Na natürlich, ick werde doch meine Tochter nich so alleene 'rinjehen lassen in die fremde Welt?

Als Manuscript gedruckt.

Nee, erst bringe ick sie noch'n letzten Schliff bei, sie weeß noch nich so mit vornehme Herrens umzujehen, wie ick, dafür war ick bei's Ballet.

Kurt (halb lachend, halb ärgerlich). Auf diese hohe Schule würde ich meine Braut nun lieber nicht schicken.

Müllenthien. Ick dächte, wir fingen nu an.

Fr. Müllenthien. Dorette is ja noch nicht da.

Müllenthien. Ach die!

Fr. Müllenthien. Na, wir konnten ihr doch nich übersehen bei so'n Familjenereigniß. Et is doch nu mal meine Schwester.

Kurt (mit einem humoristischen Seufzer). Sie haben noch eine Schwester?

Müllenthien. Leider hat se noch eene. Ville Staat is nämlich nich mit sie zu machen.

Fr. Müllenthien. Na, Du —

Müllenthien. Nee, Du. Allens, wat wahr is. (Zu Kurt.) Wir haben ihr nämlich in jejründetem Verdacht, daß sie jern mopst.

Kurt (ernstlich entrüstet). Was thut sie?

Müllenthien. Mopsen thut sie.

Kurt. Na, ich danke!

Fr. Müllenthien. Nich schlimm, wissen Sie. Die Sache is nich criminell. Sie hat nich jesessen.

Müllenthien. Nee, jesessen hat sie nich. Aber wenn man immer seine paar silberne Löffels nachzählen muß, wenn Eene in's Haus jewesen is, det is doch nich jemüthlich.

Fr. Müllenthien. Det is keen böser Wille, sie thut det nur in die Zerstreutheit!

Müllenthien. Ach nee! Zerstreutheit is det nich. Wir haben da neulich in's Theater 'n Stück jehabt von'n jewissen Ibsen, nu weeß ick, wat det is, — det is Vererbung! Ihre Mutter hat jemopst, ihre Großmutter hat jemopst, — na, nu mopst sie eben ooch. Dajejen is jar nischt zu machen.

Kurt (halb für sich). Heiliger Ibsen, jetzt wirst Du noch Patron der Taschendiebe. (Zu Anna, mit einem Seufzer.) Anna, ich hatte mir das hier eigentlich anders gedacht.

Anna (gedrückt). Ach, Kurt, mir ist es auch niemals so erschienen wie heute.

14. Scene.

Vorige. Dorette Ziesenitz (von hinten).

Fr. Müllenthien. Da is Dorette. (Sie Kurt vorstellend, der nur kurz mit dem Kopfe nickt.) Det is meine Schwester, hochwohljeborener Herr Baron!

Dorette (eine hagere Erscheinung, sehr einfach, fast nonnenhaft gekleidet, mit schüchternen Bewegungen, aber lebhaft umherforschenden Blicken. Sie trägt eine große, einfache Handtasche, die sie auch später beim Frühstück bei sich behält. Sie hält den Kopf auf die Seite geneigt, geht auch immer ein wenig seitwärts, indem sie sich langsam vorwärts schiebt. Sie knixt langsam). Ick rechne mir's zur Ehre. (Begrüßt die Uebrigen durch feierliches Kopfnicken).

Fr. Müllenthien. Na, nu wären wir ja Alle beisammen.

Dorette. Karoline, ick bitte aber nur um 'n Jlas Zuckerwasser. Wenn ick Wein trinke, krieje ick meine Zustände.

Fr. Müllenthien. Ach wat, heute —

Müllenthien. Nee, Du, jieb ihr Zuckerwasser, so ville sie will. (Zu Kurt.) Wenn sie nämlich ihre Zustände kriejt, denn sieht sie Allens doppelt und meint, (mit bezeichnender Handbewegung) die Hälfte jehört ihr.

Fr. Müllenthien. Na ja, denn will ick 'n Jlas holen. (Ab nach links.)

15. Scene.

Vorige. (Ohne) Frau Müllenthien.

Anna (zu Bodenstein). Du bist heute so still, Hans.

Bodenstein. Gerade wie Du, Anna.

Anna. Mir ist auch nicht leicht um's Herz.

(Müllenthien bezeichnet unterdeß Kurt die Plätze am Tisch, wie die Personen nachher sitzen sollen. Dorette legt Hut ꝛc. ab.)

Bodenstein. Und Du machst doch ein so großes Glück.

Anna. Ach, das Glück habe ich mir ganz anders gedacht!

Als Manuscript gedruckt.

16. Scene.

Vorige. Frau Müllenthien.

Fr. Müllenthien (mit einem Glas Zuckerwasser, in dem ein silberner Löffel, von links). So, da is det Zuckerwasser.

Müllenthien (schnell dazwischen tretend). Du, warte mal. (Nimmt das Glas, rührt um und nimmt den Löffel heraus. Zu Dorette.) So, nu laß Dir's jut bekommen.

Dorette (nach dem Löffel schielend). Ick danke ooch schön. (Die Kinder beginnen im Zimmer links gegen die Thür zu bollern und zu rufen: „Mutter, Mutter, wir wollen raus!")

Fr. Müllenthien. Dürfen sie kommen?

Müllenthien. Immer 'rin mit die Bagage.

Fr. Müllenthien (geht zur Thür links und öffnet). So, kommt 'raus, aber hübsch ordentlich.

17. Scene.

Vorige. Die Kinder.

Die Kinder (kommen von links, der Größe nach geordnet, hinter einander, Frieda mit einem Blumenstrauß voran).

Fr. Müllenthien (zu Frida). Da is der Onkel Baron, nu mach's jut!

Frieda. Du, Onkel, jetzt soll ick eijentlich 'ne jroße Rede halten, aber die habe ick verjessen un ick sage blos: Da hast Du die Blumen un wat hast Du uns mitjebracht?

Fr. Müllenthien. So 'ne Jöre!

Die Kinder (hängen sich an Kurt). Onkel, wat hast Du uns mitjebracht?

Kurt (läßt resignirt den Angriff über sich ergehen; mit Ironie). Ach, diese lieben Kleinen! Es geht doch nichts über Familien=freuden!

Fr. Müllenthien (ihn von den Kindern befreiend). Weg da! Laßt den Onkel in Ruhe!

Müllenthien. Na, meent Ihr denn, det Frühstück soll zu uns kommen? Nee, det thut's nich. Immer 'ran, meine Herrschaften! — Wollen Sie die Jüte haben, lieber Baron?

Kurt (Anna den Arm bietend). Komm, Anna.

Fr. Müllenthien. Bitte, dort oben an die Spitze. Ehre, wem Ehre jebührt.

(Sie setzen sich, Kurt am rechten Ende des Tisches, rechts neben ihm an der Breitseite des Tisches mit dem Gesicht zum Publikum Anna, dann Bodenstein, Frau Müllenthien, Müllenthien, Dorette Ziesenitz, so daß diese an der anderen Schmalseite des Tisches, Kurt gegenüber sitzt. Sie hat die Tasche neben sich gestellt, oder angelehnt und läßt ab und zu vorsichtig Stücke Brot, Fleisch 2c. in derselben verschwinden. An der zweiten Breitseite, mit dem Rücken zum Publikum sitzen die vier Kinder, Frieda neben Kurt.)

Müllenthien. So, nu injeschenkt vor allen Dingen un denn wacker zujegriffen. Det is keen fürstliches Mahl, lieber Baron, aber et kommt von Herzen. Du, Anna, jeb' Deinem Bräutigam mal die Hummermayonaise, — nehmen Sie man ordentlich! Wir haben uns so lange die Beene in 'n Leib jestanden.

Fr. Müllenthien. Hier sind ooch Akaziagurken, Herr Baron.

Müllenthien. Die kommen doch nich zu die Mayonaise! Karoline, früher warest Du jebildeter.

Fr. Müllenthien. Ja, wenn man erst fünf Kinder zur Welt jebracht hat, denn verliert sich det mit die Bildung.

Müllenthien. Na, nu wollen wir erst 'mal trinken un einander zublinken un einander juten Appetit anwünschen un den Herrn Baron in unserm Hause willkommen heißen. Prosit allerseits!

Alle (stoßen an). Prosit! Prosit!

Kurt (trinkt, zuckt zusammen, verzieht das Gesicht).

Frieda. Hast Du Magenschmerzen, Onkel Baron?

Kurt. Unsinn!

Müllenthien. Der Wein is doch janz jut?

Kurt (mit großer Ueberwindung). Ausgezeichnet. (Trinkt noch einmal.)

Müllenthien (trinkt). Na, denn wollen wir — (Es klopft an der hinteren Thür.) Herein?

18. Scene.

Vorige. Auguste Becker.

Fr. Müllenthien (zu ihrem Mann). Du, det is jewiß det Mächen mit reelle Absichten.

Als Manuscript gedruckt.

Auguste (Dienstmädchen im Sonntagsstaat, modern aufgedonnert). Juten Morjen.

Müllenthien. Juten Morjen. (Steht mißvergnügt auf. Zu Kurt.) Entschuldigen Sie 'n Oogenblick.

Auguste. Is hier det himmlische Paradies, wo die Ehen jeschlossen werden?

Müllenthien. So wat Aehnliches. Womit kann ick dienen?

Auguste. Ick habe Sie jeschrieben. Ick heiße Aujuste Becker.

Müllenthien. Weiß schon, weiß schon. Aber heute is doch Sonntagsruhe.

Auguste. Wat, vor die Liebe wollen Sie ooch schon Sonntagsruhe inführen? Na, denn weeß ick aber nich, wat wir arme Dienstmächen mit unsere Sonntage anfangen sollen!

Fr. Müllenthien (ist gleichfalls aufgestanden und herangekommen). Laß jut sein, Aujust. (Zu dem Mädchen.) Na, wat möchten Sie denn für Eenen?

Auguste. Ach, so'n rechten netten, hübschen Burschen mit 'n reellen Hinterjrund von 3000 Mark.

Fr. Müllenthien. Jewiß am liebsten 'n Militär?

Auguste. Ach nee, det Militär habe ick schon kennen jelernt.

Fr. Müllenthien. Ja, wat wir haben, sind aber nich so'ne junge Windhunde, nee! Lauter ältere Jahrgänge, Wach= meester un Feldwebel mit Dienstwohnung un eigene Wasser= leitung. Solide Leute, die ihr Oogenmerk uff die Sparkassen= bücher von die Mächens richten un nich uff schöne Jesichter un so'ne Aeußerlichkeiten.

Auguste. Na, 'ne Vogelscheuche is man nu ooch nich jrade.

Müllenthien. I Jott bewahre, Sie sind ja 'n janz nettes Pussel!

Fr. Müllenthien (eins der Albums vom Tische nehmend). Sehen Sie man blos mal her. Dies is det militärische Album. Hier vorne die Jardekavallerie, denn die Jarde= artillerie und hier hinten die Infanterie.

Auguste (wirft einen Blick in das Album). Det is ja die reene Paradeuffstellung! Aber nee, det Militär is nischt Reelles. Ick bin jetzt für's Civil. Haben Sie Eenen mit 3000 Mark?

Müllenthien. Na, wissen Sie, die wachsen nich so uff die Appelbäume. Anjestellte mit jesicherte Lebensexistenz, damit können wir dienen, aber festes Vermögen, det is so 'ne Sache.

Auguste. Also, Sie haben Keenen, — (Sie hat sich ein wenig umgewendet und Kurt erblickt, der aufgestanden und, halb geärgert, halb amüsirt, herangekommen ist. Sie stößt einen Ruf des Entzückens aus.) Ach! Haben Sie den ooch uff Lager?

Fr. Müllenthien (entrüstet). Nee, wat denken Sie denn? Det is 'n Baron un der Bräutigam von meine Tochter.

Auguste. Ein Baron? Na, von meine Seite wäre det kein Scheidungsjrund! (Zu Kurt). Sind Sie wirklich schon verjeben?

Kurt. Allerdings.

Auguste. Na, denn will ick man jehen. Für mir scheint hier ja keen Jlück zu blühen. Juten Morjen.

Müllenthien (gemüthlich). Nee, mein Schnuteken, so schnell jeht det nich. Erst berappen.

Fr. Müllenthien. Jawoll, zehn Mark haben wir zu kriejen. Fünf Mark kostet jede Konfidenz un fünf Mark's Rinkucken in's Album.

Auguste. Wat? Wenn ick 'n Dienst suche, brauch' ick nur zu bezahlen, wenn ick ihm krieje, un mit 'n Mann soll det anders sein?

Müllenthien. Jawoll, mit 'n Mann is det janz anders.

Fr. Müllenthien. 'N Dienst is 'n Dienst, aber 'n Mann is 'n Mann.

Kurt (mit mühsam unterdrücktem Zorn). Frau Müllenthien, wie können Sie dem Mädchen Geld abnehmen?

Fr. Müllenthien (naiv). Ja, davon leben wir doch.

Kurt. Dann leben Sie von — (bezwingt sich und bricht ab).

Auguste (schmachtend). Wat meinen Sie?

Kurt. Ich meine, daß Sie am besten thäten, zu gehen. Ich werde die 10 Mark für Sie bezahlen. Gehen Sie.

Auguste. Ach, det Sie mir jehen heißen, det is mir schmerzlich. Aber wenn Sie sich vielleicht noch anders besinnen sollten, ick schreibe mir Aujuste Becker un bin bei die Familje Schultze, Zimmerstraße 11. Juten Morgen. (Ab nach hinten.)

Als Manuscript gedruckt.

19. Scene.

Vorige. (Ohne) Augufte.

Kurt (das Ehepaar Müllenthien mit zornigen Blicken betrachtend, mit bitterem Lachen). In solche Situationen kommt man hier bei Ihnen! Oh, es ist reizend!

Fr. Müllenthien. Aber det is doch unser Jeschäft.

Kurt. Geschäft! Dem Mädchen sein sauer erspartes Geld abzunehmen, ohne etwas dafür geleistet zu haben! Hier ist das Geld, damit es Ihnen nicht verloren geht! (Zieht ein Goldstück hervor und wirft es auf den Schreibtisch; während des folgenden schleicht Dorette, die sich gleich Anna und Bodenstein erhoben hat und herangekommen ist, an den Tisch und steckt das Geld ein.)

Anna (legt ihm die Hand auf den Arm). Kurt!

Kurt (betroffen). Anna, — Du?

Anna (leise). Es sind ja doch meine Eltern.

Kurt (mit einem tiefen Seufzer). Ja, Kind. (Nicht unfreundlich.) Weißt Du, etwas vorsichtiger hättest Du bei der Wahl Deiner Eltern wohl sein können. (Sie anschauend, freundlich.) Nun, sei nicht traurig. Laß uns wieder zum Frühstück gehen.

Müllenthien. Jawoll, jehen wir wieder zum Frühstück. — Wat jiebt's denn da schon wieder? Herein!

20. Scene.

Vorige. Bärnstatt.

Bärnstatt (tritt nach einem Klopfen an der hinteren Thür durch diese ein.) Treffe ich hier vielleicht — (erblickt Kurt, fährt zurück, verstummt).

Müllenthien. Jawoll, Herr Rejierungsrath, hier treffen Sie mir. Un det is schön von Ihnen, daß Sie Wort halten.

Bärnstatt (räuspert sich laut, um ihn zum Schweigen zu bringen, rasch auf Kurt zu). Lieber Baron, das ist ja eine reizende Ueberraschung, — das heißt, eine Ueberraschung ist es eigentlich nicht, — im Gegentheil, ich hatte eine Ahnung, ich hatte sogar gehört, daß Sie hier seien. Und da meinte ich, daß ich Ihnen und Ihrem Fräulein Braut gleich meine innigsten Glück- und Segenswünsche —

Kurt (ihn Anna vorstellend). Anna, Herr Regierungsrath Bärnstatt. (Verbeugung.)

Müllenthien (zu Bärnstatt). Un da haben Sie meine janze Familje. In's Einzelne is det zu weitläuftig. Meine Frau kennen Sie wohl noch?

Bärnstatt (sehr verwirrt). Ich wüßte nicht, daß ich die Ehre gehabt —

Müllenthien (gemüthlich, ihn mit dem Ellenbogen anstoßend; halblaut). Na, Sie kennen doch Cissa di Nissa noch?

Bärnstatt (ebenso). Seien Sie doch still, um Gotteswillen! (Laut.) Aber ich störe die verehrte Gesellschaft beim Frühstück, da will ich mich gleich wieder empfehlen.

Müllenthien. Im Jejentheil, Sie müssen uns noch die Ehre jeben, Herr Rejierungsrath, wenn wir unsere kleine Anjelegenheit erst jeordnet haben. Erst det Jeschäft un denn det Verjnüjen. Hinterher schmeckt et um so besser.

Bärnstatt. Aber ich bitte Sie, —

Müllenthien. Nee, Ordnung muß sein, wenn ooch heute Sonntag is. Karoline, Du kannst Dir mit die übrige Jesellschaft mal für fünf Minuten rückwärts concentriren. Ihnen bitte ick, hier zu bleiben, Herr Baron Schwiejersohn.

Bärnstatt. Aber um Gotteswillen —

Müllenthien. Nee, nee, lassen Sie mir man machen. Also, Karoline?

Fr. Müllenthien. Na, da jehen wir hier mal 'rin so lange.

August (halb weinend). Aber die Torte sollen Sie uns nich uffessen!

Fr. Müllenthien. Mach', daß Du 'rin kommst! (Alle ab nach links bis auf Kurt, Müllenthien und Bärnstatt.)

21. Scene.

Müllenthien. Kurt. Bärnstatt.

Müllenthien (zu Kurt). Nu sollen Sie mir mal kennen lernen. Vorhin, det habe ick janz jut jemerkt, die Jeschichte mit die Heirathsmacherei un die Poussiererei von det Dienst=mächen, det war Sie nich sympathisch. Aber darum sollen Sie mir nu ooch 'mal von 'ne andere Seite kennen lernen. Sie sollen sehen, daß ick uff Ehre halte in mein Haus un uff Anstand un uff Reputation.

Kurt (mit Ironie). Das würde mir nicht unangenehm sein.

Als Manuscript gedruckt.

Müllenthien (die Briefe hervorziehend). Un darum nehme ick diese Briefe un sage, nehmen Sie (zu Bärnstatt) ihnen hin.

Kurt. Was sind das für Briefe?

Bärnstatt. Ich verstehe nicht, was ich —

Müllenthien (zu Kurt). Meine Jattenehre, müssen Sie wissen, is mein embonpoint d'honneur. Darin bin ick kitzlich. Un darum dulde ick ooch diese Briefe nich in mein Haus.

Kurt (lebhafter). Was sind das für Briefe?

Müllenthien. Tugendhafte Jattinnen sollen nur Briefe von ihre eijene Männer in ihre Erinnerungskästen haben, un darum sage ick noch einmal: Nehmen Sie ihnen hin. (Giebt Bärnstatt die Briefe.)

Kurt. Herr Regierungsrath —

Bärnstatt. Sie sehen mich bestürzt, — aber ich verlasse mich auf Ihre Diskretion, namentlich meiner lieben Frau gegenüber, — ich will Ihnen gestehen, es sind Briefe aus alter Zeit von mir an die Gattin dieses Herrn Müllenthien, — eine jugendliche Verirrung, — das Fleisch ist schwach, —

Kurt (halb belustigt, halb empört). Briefe von Ihnen?

Müllenthien. Na ja, so is die Jeschichte. (Zu Bärnstatt.) Nu jeben Sie mir die fünfzehnhundert Mark, un denn wollen wir frühstücken.

Kurt (empört). Was soll das heißen?

Bärnstatt. Das soll heißen —

Kurt. Er sprach von Geld, von Geld für diese Briefe hier — (entreißt Bärnstatt die Briefe).

Müllenthien. Na ja, wir haben uns drum vertragen in alle Freundschaft, un er jiebt mir fünfzehnhundert Mark dafür.

Kurt (die Briefe zu Boden schleudernd). Oh pfui!

Müllenthien (erstaunt). Aber ick bitte Ihnen —

Kurt. Liebesbriefe von Ihrer Frau an diesen Mann! Und mit diesen Briefen treiben Sie Handel, Schacher mit der Tugend Ihrer Gattin —

Müllenthien. Aber det war lange vor unsere Verheirathung, det war janz außereheliche Tugend.

Kurt (zu Bärnstatt). Von Ihnen wundert's mich nicht. Von Ihnen würde noch viel mehr mich nicht verwundern —

Bärnstatt (dazwischen, hält sich geknickt am Schreibtisch rechts). Wenn ich doch nicht hierher gekommen wäre!

Kurt (zu Müllenthien, ohne Unterbrechung). Aber Sie, Sie, — (ihn an den Schultern packend und ihn schüttelnd; das Ganze mehr zornig als pathetisch) ja, bilden Sie sich denn ein, daß Sie ein Mensch sind?

Müllenthien (bestürzt, aber nicht zornig). Ick wüßte nich, zu welche Jattung ick mir sonst rechnen sollte!

Kurt. Wissen Sie, warum ich mir gerade Ihre Tochter zur Braut gewählt habe? Warum ich sie mir nicht gesucht habe in den Kreisen meiner Standesgenossen?

Müllenthien (kleinlaut). Nee, so janz jenau wissen wir det nich.

Kurt. Weil ich hier Menschen zu finden glaubte, Menschen im wahren Sinn. Aber die sind reinen Herzens und von reinen Gedanken, sie hassen den Schmutz und die Gemeinheit und hungern lieber, ehe sie ihr Gewissen beflecken. Sie aber — (lacht bitter auf) Sie machen eine Waare aus dem Besten, was der armen Welt zu Theil geworden, Sie treiben Schacher mit der Liebe, mit fremder Liebe und mit der Ihrer Gattin! Gehen Sie nur weiter, gehen Sie Ihren Weg, — aber gehen Sie rechts, wenn ich bitten darf, ich gehe links. Und wenn einmal Jemand die Vermessenheit haben sollte, zu Ihnen zu sagen: „Herr Müllenthien, Sie sind ein Ehrenmann", dann geben Sie ihm in meinem Namen die Antwort, daß er noch niemals so unverschämt gelogen hat. Haben Sie mich verstanden? Guten Morgen. (Stürmt ab durch die hintere Thür.)

22. Scene.

Müllenthien. Bärnstatt.

Müllenthien (blickt ihm nach, steht einen Augenblick sprachlos, dann sagt er): Ick jloobe, der Mann hat mir beleidigt!

(Der Vorhang fällt.)

Als Manuscript gedruckt.

Vierter Akt.

(Dieselbe Dekoration wie in den ersten beiden Akten. Es ist Nachmittag.)

1. Scene.

Kurt. (Gleich darauf Adelheid.)

Kurt (liegt, eine Kompresse auf dem Kopf, in einem Sessel rechts. Wendet sich auf die andere Seite stöhnt auf). Oh!

Adelheid (im Zimmer rechts, dessen Thür offen ist). Ich finde es nicht!

Kurt (schwach, leidend). Auf dem Schreibtisch, — eine kleine Schachtel, — Phenacetin steht darauf.

Adelheid (tritt auf von rechts, eine Schachtel in der Hand.) So, da ist es. Nun wollen wir dem kranken Kinde helfen. (Tritt zu Kurt, schüttet ein Pulver in ein Glas mit etwas Wasser.) Ist Dir sehr schlecht?

Kurt. Weißt Du, was es heißt, wenn man zwei Kater auf einmal hat, einen moralischen und einen physischen? Adelheid, ich sage Dir, diese Familie Müllenthien, — oh, Du lieber Gott! Und dazu der Wein, den sie mir zu trinken gegeben. Ich habe nur ein oder zwei Glas getrunken, aber der Schädel!

Adelheid. Du dauerst mich.

Kurt. Komm', setz' Dich zu mir, leg' Deine liebe Hand auf meinen Kopf. (Sie thut es.) Nur bei Dir ist es gut. So wollen wir bleiben und morgen reisen wir weit fort in ein stilles Thal, wo es nur Ziegen und Wallfahrtskapellen giebt.

Adelheid. Das wäre feige, Kurt.

Kurt. Feige! (Fährt auf, zuckt zusammen, greift nach dem Kopf.) Oh!

Adelheid (mit Bedeutung). Und wenn jenes Mädchen Dich nun liebt?

Kurt (schwach). Das wird sie ja wohl nicht thun.

Adelheid (bitter, lebhaft). Das wird sie nicht thun! Und damit ist es abgemacht und gut. Oh, Ihr selbstsüchtigen Männer! Ein Mädchen kann lieben, kann weinen, kann die Nächte durch wachen, was kümmert es Euch!

Kurt (erstaunt, sich ein wenig aufrichtend). Adelheid!

Adelheid Ihr lacht und geht vorüber, — oder Ihr lacht nicht einmal, Ihr denkt gar nicht an sie! Was ist Euch ein Mädchenherz? Ihr blickt niemals hinein bis auf den Grund, es bleibt Euch ein ewiges Geheimniß!

Kurt. Was ist Dir?

Adelheid (etwas verlegen). Ich, — ich hatte wieder einmal in meinem Shakespeare gelesen. Weißt Du nicht mehr, was er von dem Mädchen sagt, das schweigend liebt?

„Sie sagte ihre Liebe nie
Und ließ Verheimlichung, wie in der Knospe
Den Wurm, an ihrer Purpurwange nagen.
Sich härmend und in bleicher, welker Schwermuth
Saß sie, wie die Geduld auf einer Gruft,
Dem Grame lächelnd. Sagt, war das nicht Liebe?"

Kurt (ergreift ihre Hand, betrachtet sie aufmerksam). Adelheid, es ist mir, als sähe ich Dich heute zum ersten Male.

2. Scene.
Vorige. **Bärnstatt** (durch die Mitte).

Bärnstatt (eilig, verstört, angstvoll). Pardon, Pardon, — daß ich so eindringe. Ich dachte, ich wollte —

Kurt (zugleich mit ihm, in den Sessel zurücksinkend, für sich.) Der hat mir gerade noch gefehlt!

Bärnstatt (sich vor Adelheid verbeugend). Mein gnädigstes Fräulein, wenn es nicht gar zu unbescheiden wäre, — eine Art von geschäftlicher Angelegenheit mit Ihrem Herrn Bruder —

Adelheid. Sie möchten mit ihm allein sein, ich verstehe. Auf Wiedersehen also.

Bärnstatt. Auf Wiedersehen. (Adelheid ab nach links.)

3. Scene.
Kurt. Bärnstatt.

Bärnstatt. Mein theurer Baron, Sie müssen mir helfen, rathen, beistehen! Ich bin verloren, bin hilflos, bin elend!

Als Manuscript gedruckt.

Kurt (mit einem Seufzer, schwach). Meinen Sie, ich nicht?

Bärnstatt. Sie waren heute Morgen etwas lebhaft, aber Sie hatten vollkommen recht. Dieser Müllenthien ist ja ein entsetzlicher Mensch! Denken Sie sich, er hat mir einen Brief geschrieben.

Kurt (gleichgiltig). So, was steht denn darin?

Bärnstatt. Ja, wenn ich das wüßte!

Kurt. Der Brief war aber doch an Sie.

Bärnstatt. Darum hat meine Frau ihn aufgemacht. Sie macht alle meine Briefe auf. Sie sagt, das rege sie an. Ich kann nur noch postlagernd correspondieren.

Kurt. Das muß recht gemüthlich sein.

Bärnstatt. Der Diener bringt den Brief herein, ich strecke die Hand danach aus, — wupp, hat sie ihn! Sie bricht ihn auf, liest ihn und lächelt, — denken Sie, sie hat gelächelt?

Kurt. Warum soll sie denn nicht lächeln?

Bärnstatt. Sie kennen meine liebe Frau nicht! Wenn sie freundlich gegen mich ist, — notabene, wenn wir allein sind, dann hat sie furchtbare Dinge vor! Also, sie steckt den Brief ein und sagt: „Er ist von Deinem Freunde, diesem Herrn Müllenthien. Ich werde die Consequenzen daraus ziehen, mein Liebling!" Sie hat „mein Liebling" gesagt, nun ist Alles aus!"

Kurt. Ist das Alles?

Bärnstatt. Sie steht auf, bestellt den Wagen, — ich frage, wohin sie will. „Erst zu meinem Vater, dann zu Excellenz Widdern, Deinem obersten Vorgesetzten." Nun weiß ich, was sie will. Beim Vater will sie die Scheidung einleiten, bei Excellenz will sie Enthüllungen machen — sie spricht immer von Enthüllungen — um mich moralisch zu morden! Du lieber Gott, ich bin doch immer fromm und wohlthätig gewesen, wo es nöthig war, und nun soll ich enden mit solchem Skandal! Sie sprach auch von Hierherkommen, — da ist sie!

4. Scene.

Vorige. Frau Bärnstatt (durch die Mitte).

Fr. Bärnstatt. Guten Tag.

Kurt (erhebt sich mühsam aus seinem Sessel, verbeugt sich). Gnädige Frau. (Leise zu Bärnstatt.) Sie müssen mich entschuldigen, Ihrer Frau bin ich heute wirklich nicht gewachsen. (Laut.) Ich habe die Ehre. (Ab nach rechts.)

5. Scene.

Bärnstatt. Frau Bärnstatt.

Fr. Bärnstatt (setzt sich links). Höflich war das nicht.

Bärnstatt. Er läßt sich entschuldigen, er fühlt sich elend.

Fr. Bärnstatt (malitiös). Das Menschensuchen ist ihm wohl schlecht bekommen?

Bärnstatt (nach einer kleinen Pause). Hilde, — Du hörst es gern, wenn man Dich Hilde nennt, nicht wahr?

Fr. Bärnstatt. Nach Belieben. (Zieht einen Brief hervor, spielt damit.)

Bärnstatt. Himmel, der Brief! -- Liebste Hilde, süße Hilde, ist das der Brief?

Fr. Bärnstatt. Möglich.

Bärnstatt. Möchtest Du mir nicht sagen, was darin steht?

Fr. Bärnstatt (steckt den Brief wieder in die Tasche, sehr freundlich). Nein, mein Schatz.

Bärnstatt (ganz zerknirscht). Helene, — Hilde, — sag' mir nur, ob Du bei Deinem Vater warst?

Fr. Bärnstatt. Vor einer halben Stunde.

Bärnstatt. Und auch bei Excellenz?

Fr. Bärnstatt. Kann sein.

Bärnstatt (in einen Stuhl sinkend). Dann bin ich verloren!

6. Scene.

Vorige. Josef (durch die Mitte).

Josef. Verzeihung, das gnädige Fräulein ist nicht hier?

Fr. Bärnstatt. Wir sahen die Baronesse noch nicht.

Josef. Das Fräulein Müllenthien ist draußen mit ihrem Sergeanten.

Bärnstatt (sehr erschrocken, springt auf). Müllenthien! Hast Du's gehört?

Fr. Bärnstatt (sinnt einen Augenblick nach, dann sehr freundlich). Einem Mitgliede dieser Familie möchtest Du wohl nicht gern begegnen? Ich folge Deinen Wünschen, mein Liebling. Ich denke, wir dringen beim Baron ein; er war allerdings wenig höflich, aber die Freude, ihm den Besuch seiner gewesenen Braut anzukündigen, möchte ich mir doch nicht entgehen lassen.

Als Manuscript gedruckt.

Bärnstatt. Komm', mein Mäuschen. (Für sich.) Was hat sie nur vor? (Mit seiner Frau ab nach rechts.)

7. Scene.

Josef. (Gleich darauf) **Anna Müllenthien** (und) **Bodenstein.**

Josef (öffnet die Mittelthür, Anna und Bodenstein treten ein).

Anna (eilig, erregt, sucht mit den Blicken im Zimmer). Haben Sie uns noch nicht gemeldet? So machen Sie doch schnell!

Josef (für sich im Abgehen nach links). Die commandiert hier auch keine hundert Jahre mehr. (Ab.)

8. Scene.

Anna. Bodenstein. (Gleich darauf) **Adelheid** (und) **Josef.**

Anna (geht unruhig im Zimmer auf und ab). Endlich, endlich!

Bodenstein. Wir sind ja nun hier, Anna, beruhige Dich doch.

Anna. Ob sie kommen wird?

Adelheid (tritt auf von links, Josef folgt ihr und geht nach hinten ab.)

9. Scene.

Anna. Bodenstein. Adelheid.

Anna (lebhaft auf Adelheid zu). Da sind Sie, Fräulein Adelheid, oh, nun ist alles gut!

Adelheid (ihr herzlich beide Hände entgegenstreckend). Mein armes Kind!

Anna (mit den Thränen kämpfend). Ich kann ja nichts dafür! Ach, Sie wissen nicht, wie viel ich seit heute Morgen geweint habe! Ihr Bruder hat Ihnen gewiß Alles erzählt, und ich habe auch Alles gehört, was vorgefallen ist, und wie ich es gehört, da habe ich mich meiner Eltern geschämt! (Bricht in Thränen aus.)

Adelheid. Auf Sie fällt kein Vorwurf, Anna.

Anna (weinend). Sie können nicht denken, was das für ein Gefühl ist! Wenn mir wohl einmal etwas nicht gefiel an ihnen, dann sagte ich mir: „Es wird so recht sein, es sind ja Deine Eltern". Aber nun sehe ich die Wahrheit, und ich schäme mich für sie, — oh, ich schäme mich!

Adelheid. Sie sollen nicht länger weinen, — ich rufe Kurt. (Wendet sich nach rechts.)

Anna (lebhaft). Nein, nein, ihn nicht! Um Ihretwillen bin ich gekommen.

Adelheid. Seine Pflicht Ihnen gegenüber soll er erfüllen, — ich will ihm den Weg dazu zeigen. (Rasch ab nach rechts.)

10. Scene.
Anna. Bodenstein.

Anna. Das sollte sie nicht thun! Er wird denken, daß ich, — ach, ich bin unglücklich und verlassen! (Bricht wieder in Thränen aus, wirft sich auf einen Stuhl.)

Bodenstein (tritt zu ihr, sanft). Verlassen?

Anna. Ihn würde ich nicht nehmen, und wenn er mich bäte. Ich habe ihn ja auch gar nicht gern gehabt. Die ganze Sache war Unrecht, und dafür bin ich nun ganz allein, kein Mensch will mehr etwas von mir wissen, und ich kann einsam und verlassen sterben.

Bodenstein. Anna, ich weiß Einen.

Anna (aufblickend). Was weißt Du?

Bodenstein (sehr herzlich). Ich weiß Einen, der etwas von Dir wissen will.

Anna (steht auf, zweifelnd). Wie meinst Du das?

Bodenstein. Sieh mich doch nur an, kennst Du ihn nicht?

Anna (betrachtet ihn einen Augenblick, ruft dann jubelnd): Hans! (Eilt auf ihn zu, ergreift seine ausgestreckten Hände.) Ja, ich kenne ihn auch!

Bodenstein (zieht sie an sich). Anna, Du dummes Ding, was weinst Du denn?

Anna. Ja, es ist dumm, zu weinen. Ist es denn wahr?

Bodenstein. Was denn?

Anna. Daß Du mich noch ein wenig gern hast. Ist es nicht Mitleid?

Bodenstein (lächelnd). Nein, Kind, so tief geht Mitleid einem nicht. Und es ist ja nicht von heute, — es ist von lange, lange!

Anna. Wenn Du nur gesprochen hättest! Mir war es ja gerade, wie Dir, aber als Du schwiegst und schwiegst, da ward ich ärgerlich, und da —

Als Manuscript gedruckt.

Bodenstein. Da nahmst Du den Anderen, den Baron. Ach, Anna, Anna, wenn Du wüßtest, wie mir zu Muthe war diese Tage! Schandmäßig schlecht, das kann ich Dir sagen. Aber nun ist es ja gut, nun habe ich Dich und behalte Dich! Und wenn wir auch noch ein paar Jahre warten müssen, bis ich Wachtmeister bin, —

Anna. Wir sind jung, wir haben Zeit.

Bodenstein. Zeit, uns gern zu haben, freilich! Sieh, daß zwei Herzen ein Herz sind, das ist doch die Hauptsache im Leben, — alles Andere wird sich schon finden.

11. Scene.

Vorige. Adelheid (von rechts).

Adelheid. Er ist nicht allein. Aber gleich —

Anna (sehr heiter). Jetzt kann er kommen. Jetzt kann ich ihm mit frohem Herzen die Hand geben zum Abschied.

Adelheid. Zum Abschied?

Anna. Ich weiß nun, wohin ich gehöre, wo ich glücklich sein werde. (Bodenstein an der Hand ergreifend.) Hier steht er, — wir haben uns gern.

Adelheid (tief erregt, stößt einen leisen Schrei aus). Anna! Ist das wahr?

Anna. So wahr ich seine Hand halte — und sie für's Leben behalten will.

Adelheid (in größter Erregung). Sie geben Kurt frei, Sie selbst? Sie lieben ihn nicht und geben ihn frei?

Anna. Wie bewegt Sie sind! Fräulein Adelheid, — sehen Sie mir in die Augen, ich kann in Ihren Augen lesen, und was ich da lese, oh, das ist prächtig! (Fällt ihr um den Hals, küßt sie.)

Adelheid. Was machen Sie?

Anna. Soll ich es Ihnen sagen, was Sie nicht verrathen wollen? (Leise zu ihr.) Sie lieben ihn selbst! Warum sehen Sie weg? Er verdient es, und Sie —

Adelheid. Schweigen Sie, um Gotteswillen!

Anna. Schweigen? Oh nein. Wozu das Schweigen führt, das haben wir beide erlebt, nicht wahr, Hans? Reden will ich, und gerade von mir soll er es erfahren, wie gut es ihm zugedacht ist. (Geht nach rechts, öffnet die Thür, ruft hinein.)

Herr Baron, Herr Baron! Wenn Sie auch ganz furchtbar böse sind auf Alles, was meinen Namen trägt, — Sie müssen doch auf fünf Minuten zu mir herauskommen. (Kommt wieder in's Zimmer.)

Adelheid (für sich). Nein, nein! (Will nach links ab.)

Anna (ihr nach). Halt! Hier geblieben! Vor dem Glücke davon zu laufen, oh, diese dummen Menschen!

12. Scene.
Vorige. Kurt (von rechts).

Kurt (ohne die Binde um den Kopf. Verlegen). Sie, — Anna?

Anna. Ja, ich! Und nun hören Sie mich an. Sie haben mich heirathen wollen, aber das war Unsinn. Sie haben mich überhaupt niemals lieb gehabt, und ich Sie auch nicht, wir haben uns nur hineingeredet in die dumme Geschichte. Aber jetzt weiß ich eine, die Sie wirklich lieb hat, und die zehntausendmal besser ist, als ich, und die zu Ihnen paßt, und die Sie auch lieben müssen, wenn Sie nicht der dümmste Mann sein wollen, der auf zwei Beinen herumläuft.

Kurt (erstaunt). Was bedeutet das?

Adelheid (zugleich). Schweigen Sie doch!

Anna. Seien Sie doch nicht blind, sehen Sie doch hin, — da steht sie ja und wird roth und blaß und das Alles um Sie.

Kurt (freudig, bewegt). Adelheid?

Anna. Ja, Adelheid! Ihre gute, liebe, treue, sorgsame Schwester, — aber nur Ihre Adoptivschwester. Und Adoptivgeschwister dürfen einander heirathen, das weiß ich ganz gut. Und es ist furchtbar dumm, daß Sie das nicht schon lange gethan haben. Aber nun reden Sie mit einander und sagen Sie sich, wie's Ihnen um's Herz ist. Wir Beiden gehen ganz artig dorthinten in den Erker und sehen nichts und hören nichts von Ihnen; — wir haben mit uns selbst genug zu thun, nicht wahr, Hans?

Bodenstein. Donnerwetter, Du redest ja, wie ein Wasserfall. (Scherzend.) Das muß aufhören, wenn Du erst meine Frau bist.

Anna. Komm nur, Hans. (Zieht ihn an der Hand in den Erker, wo sie sich zärtlich unterhalten, ohne auf die Vorgänge auf der Bühne zu achten. Adelheid und Kurt stehen einander einen Augenblick verlegen, schweigend gegenüber.)

<u>Als Manuscript gedruckt.</u>

Adelheid. Sei ihr nicht böse, sie spricht thörichte Dinge. —

Kurt. Nicht thöricht! Aber schön, so schön, daß ich noch keine Worte dafür finde. Nach Menschen habe ich gesucht, und das liebste, beste, menschlichste Geschöpf war hier, bei mir, in meiner Nähe, — ich habe Dich Schwester genannt, und nun —

Adelheid. Laß mich weiter so heißen.

Kurt (erschreckt). Adelheid! Ist es nicht wahr, was sie gesagt? Sieh, daran fühle ich, was Du mir bist, daß dieser Gedanke mich so schmerzlich durchfährt, obwohl mir das Glück nur erst von Weitem gezeigt ist. Sag' mir, hat sie die Wahrheit gesprochen?

Adelheid. Laß mich!

Kurt. Sprach sie die Wahrheit?

Adelheid. Frag' nicht.

Kurt. So ist es Wahrheit! Ja, ich sehe es in Deinen Augen! Es ist nicht die Liebe der Schwester, es ist eine andere, größere, beglückendere Liebe, — Adelheid, sie hat wahr gesprochen, Du bist mir gut! (Breitet die Arme aus.)

Adelheid (in seinen Armen). So lange ich denken kann, Kurt!

Kurt. Wie blind, wie schlecht war ich! Was mußt Du gelitten haben! (Zärtlich sie im Arm haltend.) „Sie sagte ihre Liebe nie" — war es nicht so? — „und ließ Verheimlichung, wie in der Knospe den Wurm, an ihrer Purpurwange nagen." Ja, blaß bist Du mir geworden, — oh, ich bin schlecht gewesen.

Adelheid. Nicht schlecht, — nicht schlecht! (Unter Thränen lächelnd.) Starb Deine Schwester denn an ihrer Liebe?

Kurt (heiter, glücklich). Nein, dem Himmel sei Dank! Aber nun soll auch das Leben erst recht angehen. Verjüngt fühle ich mich und gesund. Ich bin so glücklich, Adelheid, — ich glaube, ich könnte selbst dem Papa Müllenthien die Hand zur Versöhnung geben, wenn er jetzt käme.

13. Scene.

Vorige. Müllenthien. Frau Müllenthien (durch die Mitte).

Müllenthien (ist schon während Kurt's letzter Rede aufgetreten) Papa Müllenthien is bereits jejenwärtig. Aber ob er die hochwohljeborene Hand nehmen würde, det frägt sich sehr!

Anna (hat seine Stimme gehört). Der Vater? (Kommt mit Bodenstein vor.)

Kurt. Das nenne ich Zufall!

Müllenthien. Der sogenannte Zufall hat seine juten Jründe. Ick habe mir det überlegt. Sie haben mir beleidigt! Sie müssen mir Jenugthuung jeben.

Kurt (lachend). Genugthuung?

Müllenthien. Lachen Sie nich! Ick habe mir schon bei 'n Requisitenmeister von's Theater, wat mein Freund is, um 'n paar Pistolen bemüht.

Kurt (lachend). Nein, Herr Müllenthien, mit Ihnen gehe ich nicht los, weder auf Theaterpistolen, noch auf andere Waffen! (Ernsthaft.) Aber zwei anderen, guten Menschen, die ich beinahe um ihr Glück gebracht hätte, bin ich Genugthuung schuldig. (Geht zum Tische rechts und schreibt dort etwas auf ein Blatt Papier.)

Müllenthien. Wat? Nich' mal Jenugthuung soll ich haben? Mit die Heirath is det nu doch Essig, un nich' mal Jenugthuung?

Fr. Müllenthien (Anna erblickend.) Da steht ja det arme, verlassene Wurm!

Kurt (reicht Anna das Blatt). Lesen Sie, Anna, und nehmen Sie es freundlich auf. (Anna und Bodenstein lesen gemeinsam.)

Müllenthien. Ick weeß nich, ob ick den schriftlichen Verkehr mit meine Tochter noch jestatten kann.

Anna (lebhaft). Nein, nein, kein Geld! Ich will kein Geld!

Müllenthien (gierig). Jeld?

Fr. Müllenthien. Jeld hat sie jesagt?

Kurt. Mit dem eigenen Willen ist es nun vorbei. Der Herr Sergeant haben zu entscheiden.

Müllenthien. Wieso denn nu det wieder?

Bodenstein (das Papier musternd). Das sieht aus wie eine Verschreibung, — wie eine Schenkung, —

Müllenthien. 'Ne Schenkung?

Fr. Müllenthien. Wat für 'ne Schenkung denn?

Bodenstein. Zwölftausend Mark, — solch' eine Summe!

Müllenthien. Zwölftausend! Hast Du's jehört, Karoline?

Als Manuscript gedruckt.

Kurt (zu Bodenstein). Sie werden nicht verweigern, was von ganzem Herzen gegeben wird. Sie wollen das Mädchen heirathen, lassen Sie mich Ihnen den Weg ein wenig ebnen.

Bodenstein. Das wäre nicht ohne! Aber —

Kurt. Kein aber!

Anna. Hans, Du sollst nicht —

Bodenstein. Lassen Sie einmal sehen. Sie haben das Geld wirklich übrig, Sie entbehren es ganz und gar nicht?

Kurt. Keinen Augenblick. Sie nehmen es, nicht wahr?

Bodenstein. Nun, dann laufe ich nicht davor weg! Sie theilen Ihren Ueberfluß mit uns, ich heirathe mein Mädchen, eher als ich gehofft, und so bauen wir den Zukunftsstaat auf friedlicher Grundlage.

Müllenthien (verwirrt, glücklich). Wat soll denn det bedeuten? Heirathen un Feld un Jütertheilung, — ick verstehe jar nischt!

Anna. Daß ich Hans heirathen will, bedeutet es, und daß er so unbescheiden ist —

Müllenthien. Unbescheiden? Du, sei vorsichtig mit Deine Ausdrücke! Wenn der Herr Baron will, wirklich will, —

Kurt. Es ist abgemacht, das Geld gehört Ihrer Tochter.

Anna (dankt Kurt durch einen stummen Händedruck).

Müllenthien. Zwölftausend Mark! Anneken, Du bist ein Joldkind, heirathe, wen Du willst; un nu erst der Hans, det is 'n Schwiejersohn nach meinem Herzen! Nee, so 'n Jlück auf meine ollen Tage. Aber über Allens jeht doch der Herr Baron. Als wenn ick det nich immer jesagt hätte, det is 'n feiner Herr! Un so 'n Herr, der kann Einen ja überhaupt jar nich beleidigen, det is ja Unsinn!

Adelheid (drückt Kurt die Hand, beglückwünscht dann Anna und Bodenstein). Das war nett von Dir, Kurt.

Fr. Müllenthien (ihre Tochter umarmend). Jott segne Dir, mein Kind! (Halblaut.) Un laß mir die Verschreibung ooch 'mal sehen.

14. Scene.

Vorige. Bärnstatt. Frau Bärnstatt (von rechts).

Bärnstatt (prallt zurück). Da ist die ganze Familie!

Fr. Bärnstatt. Aus dem Regen in die Traufe, — das ist pikant!

Müllenthien (tritt zu Bärnstatt heran, halblaut). Ick hatte die Ehre, Sie zu schreiben, Herr Regierungsrath.

Bärnstatt (in äußerster Verlegenheit). Jawohl, jawohl.

Müllenthien. Sie liefen heute Mittag so stantepe davon, — wie is et mit die fünfzehnhundert?

Bärnstatt. Sie bekommen sie, heute noch.

Fr. Bärnstatt (die mit Adelheid gesprochen). Also wirklich verlobt, Sie wollen auch die Zahl der unglücklichen Ehen vermehren?

Adelheid. Nein, aber der glücklichen.

15. Scene.

Vorige. **Kunigunde** (und) **Eulalie** (durch die Mitte, schon etwas vor Schluß der vorigen Scene).

Kunigunde. Wer spricht hier von Verlobung?

Adelheid. Ich, Tante, und von einer Verlobung, die auch Deinen Beifall haben wird. Sieh' her, Kurt will mich zu seiner Frau machen.

Kunigunde. Das hat meinen Beifall, ich gratuliere.

Eulalie. Ja, wir gratulieren.

Kurt. Daß Ihr noch einmal mit mir zufrieden sein würdet, das hatte ich mir nicht träumen lassen.

Kunigunde. Ich wußte, das Blut der Wesselbüren würde siegen, es hat noch immer gesiegt.

Eulalie (überreicht Bärnstatt einen Brief). Herr Regierungsrath, diesen Brief für Sie nahmen wir draußen Ihrem Diener ab.

Bärnstatt (sehr erschreckt). Ein Brief!

Fr. Bärnstatt (nimmt Eulalie den Brief ab). An meinen Mann?

Bärnstatt (leise). Er ist an mich.

Fr. Bärnstatt (laut). Du bist so erregt, mein Liebling, ich mache ihn auf.

Bärnstatt (zitternd). Er hat ein großes Siegel, er hat amtliches Format, es ist meine Absetzung, oder sonst etwas Fürchterliches!

Fr. Bärnstatt (liest, lächelt schwach). Du bist etwas geworden.

Bärnstatt (leise). Abgesetzt? Nicht wahr?

Fr. Bärnstatt. Du darfst es lesen. (Giebt ihm den Brief.)

Als Manuscript gedruckt.

Bärnstatt (liest, mit bebenden Händen). „Hierdurch, — die Mittheilung, — daß Sie zum Vorsitzenden des Jünglingsvereins gewählt worden sind." (Sich aufrichtend.) Ah, der Gerechte wird nicht zu Schanden. (In die Angst zurückfallend.) Aber die Gefahr ist nicht vorüber. Du warst bei Excellenz. —

Fr. Bärnstatt. Die Excellenz, die ich besuchte, steht dort. (Auf Frau Müllenthien deutend.)

Bärnstatt. Frau Müllenthien?

Fr. Bärnstatt. Ich habe sie besichtigt. Wäre sie jung und hübsch gewesen, — ich hätte Ernst gemacht, — aber so! Nein, lächerlich mache ich mich doch nicht, nur um Dich los zu werden. (Sich zu Kurt wendend, malitiös.) Und was ist nun bei Ihrem Menschensuchen heraus gekommen, lieber Baron?

Kurt. Oh, ich habe viel gelernt, gnädige Frau! Ich weiß jetzt, daß es auf unserer armen Erde immer sehr viele Leute und sehr wenige Menschen geben wird, aber diese wenigen in jedem Stande! Zwischen (mit bedeutungsvollem Blick auf Müllenthiens, Bärnstatts und die Tanten) Unbildung und Ueberbildung stehen sie einsam, und darum müssen diese wenigen (reicht Anna und Bodenstein die Hände) zusammen halten, wo sie können. Vorläufig aber (mit Humor) sind die Aussichten für die Generation der Zukunft garnicht so schlechte (legt den Arm um Adelheid's Schultern, zieht sie an sich), wenn sich zwei Menschenpaare zusammen finden, wie heute.

Müllenthien (zu seiner Frau). Karoline, ick jloobe, mit die Ueberbildung meent er uns. Für zwölftausend Mark lasse ick mir aber noch janz andre Dinge sagen!

(Der Vorhang fällt.)

Manuscript not for sale.
Robert Kohlrausch.